Lutheran church in the United States

Der Lutherische Katechismus

Die fünf Hauptstücke des kleinen Katechismus Dr. M. Luthers

Lutheran church in the United States

Der Lutherische Katechismus
Die fünf Hauptstücke des kleinen Katechismus Dr. M. Luthers

ISBN/EAN: 9783743492066

Hergestellt in Europa, USA, Kanada, Australien, Japan

Cover: Foto ©Lupo / pixelio.de

Manufactured and distributed by brebook publishing software (www.brebook.com)

Lutheran church in the United States

Der Lutherische Katechismus

Der

Lutherische Katechismus,

enthaltend:

Die Fünf Hauptstücke

— des —

Kleinen Katechismus Dr. M. Luther's,

sammt den gewöhnlichen Zugaben,

und einen allgemeinen Religionsunterricht aus der heiligen Schrift durch Belegstellen und Beispiele erläutert.

———

Herausgegeben von der deutschen Publikationsbehörde der General-Synode der Evangelisch-Lutherischen Kirche in den Ver. Staaten von Amerika.

Chicago.
Druck und Verlag von Severinghaus & Co.
1880.

Erste Abtheilung.

Luther's kleiner Katechismus.

Das erste Hauptstück.
Von den zehn Geboten.
[2 Mos. 20, 1-17; 5 Mos. 5, 6-21.]

Das erste Gebot.

Du sollst nicht andere Götter haben.

[Ich bin der Herr, dein Gott. Du sollst nicht andere Götter haben neben mir.—Du sollst dir kein Bildniß noch irgend ein Gleichniß machen, weder deß, das oben im Himmel, noch deß, das unten auf Erden, oder deß, das im Wasser unter der Erde ist. Bete sie nicht an und diene ihnen nicht.]

Was ist das?

Wir sollen Gott über alle Dinge fürchten, lieben und vertrauen.

Das zweite Gebot.

Du sollst den Namen deines Gottes nicht unnützlich führen; denn der Herr wird den nicht ungestraft lassen, der Seinen Namen mißbraucht.

Was ist das?

Wir sollen Gott fürchten und lieben, daß wir bei Seinem Namen nicht fluchen, schwören, zaubern, lügen oder trügen, sondern denselbigen in allen Nöthen anrufen, beten, loben und danken.

Das dritte Gebot.

Du sollst den Feiertag heiligen.

Was ist das?

Wir sollen Gott fürchten und lieben, daß wir die Predigt und Sein Wort nicht verachten, sondern dasselbige heilig halten, gerne hören und lernen.

Das vierte Gebot.

Du sollst deinen Vater und deine Mutter ehren, auf daß dir's wohl gehe, und du lange lebest auf Erden.

Was ist das?

Wir sollen Gott fürchten und lieben, daß wir unsere Eltern und Herren nicht verachten, noch erzürnen, sondern sie in Ehren halten, ihnen dienen, gehorchen, sie lieb und werth haben.

Das fünfte Gebot.

Du sollst nicht tödten.

Was ist das?

Wir sollen Gott fürchten und lieben, daß wir unserm Nächsten an seinem Leibe keinen Schaden noch Leid thun; sondern ihm helfen und fördern in allen Leibesnöthen.

Das sechste Gebot.

Du sollst nicht ehebrechen.

Was ist das?

Wir sollen Gott fürchten und lieben, daß wir keusch und züchtig leben in Worten und Werken, und ein jeglicher sein Gemahl lieben und ehren.

Das siebente Gebot.

Du sollst nicht stehlen.

Was ist das?

Wir sollen Gott fürchten und lieben, daß wir unsers Nächsten Geld oder Gut nicht nehmen, noch mit falscher Waare oder Handel an uns bringen, sondern ihm sein Gut und Nahrung helfen bessern und behüten.

Das achte Gebot.

Du sollst nicht falsch Zeugniß reden wider deinen Nächsten.

Was ist das?

Wir sollen Gott fürchten und lieben, daß wir unsern Nächsten nicht fälschlich belügen, verrathen, afterreden oder bösen Leumund machen; sondern sollen ihn entschuldigen, Gutes von ihm reden und Alles zum Besten kehren.

Das neunte Gebot.

Du sollst nicht begehren deines Nächsten Haus.

Was ist das?

Wir sollen Gott fürchten und lieben, daß wir un=

serm Nächsten nicht mit List nach seinem Erbe oder Hause stehen, und mit einem Schein des Rechts an uns bringen; sondern ihm dasselbige zu behalten förderlich und dienstlich sein.

Das zehnte Gebot.

Du sollst nicht begehren deines Nächsten Weib, Knecht, Magd, Vieh, oder was sein ist.

Was ist das?

Wir sollen Gott fürchten und lieben, daß wir unserm Nächsten nicht sein Weib, Gesinde oder Vieh abspannen, abbringen oder abwendig machen; sondern dieselbigen anhalten, daß sie bleiben und thun, was sie schuldig sind.

Was sagt nun Gott von diesen Geboten allen?

Er sagt also: Ich, der Herr, dein Gott, bin ein eifriger Gott, der über die, so Mich hassen, die Sünde der Väter heimsucht an den Kindern bis in's dritte und vierte Glied; aber denen, so Mich lieben und meine Gebote halten, thue ich wohl in tausend Glied.

Was ist das?

Gott drohet zu strafen Alle, die diese Gebote übertreten; darum sollen wir uns fürchten vor Seinem Zorn und nicht wider solche Gebote thun. Er verheißt aber Gnade und alles Gute Allen, die solche Gebote halten; darum sollen wir Ihn auch lieben und vertrauen, und gerne thun nach Seinen Geboten.

Das zweite Hauptstück.
Vom christlichen Glauben.

Der erste Artikel.
Von der Schöpfung.

Ich glaube an Gott den Vater allmächtigen, Schöpfer Himmels und der Erden.

Was ist das?

Ich glaube, daß mich Gott geschaffen hat, sammt allen Creaturen, mir Leib und Seele, Augen, Ohren und alle Glieder, Vernunft und alle Sinne gegeben hat und noch erhält; dazu Kleider und Schuh, Essen und Trinken, Haus und Hof, Weib und Kind, Acker, Vieh und alle Güter; mit aller Nothdurft und Nahrung dieses Leibes und Lebens reichlich und täglich versorget, wider alle Fährlichkeit beschirmet und vor allem Uebel behütet und bewahret; und das Alles aus lauter väterlicher, göttlicher Güte und Barmherzigkeit, ohne all' mein Verdienst und Würdigkeit; des Alles ich Ihm zu danken und zu loben, dafür zu dienen und gehorsam zu sein schuldig bin. Das ist gewißlich wahr.

Der zweite Artikel.
Von der Erlösung.

Und an Jesum Christum, Seinen einigen Sohn, unsern Herrn, der empfangen ist von dem heiligen

Geiste, geboren von der Jungfrau Maria, gelitten unter Pontio Pilato, gekreuziget, gestorben und begraben; niedergefahren zur Höllen, am dritten Tage wieder auferstanden von den Todten, aufgefahren gen Himmel, sitzend zur Rechten Gottes, des allmächtigen Vaters, von dannen Er kommen wird, zu richten die Lebendigen und die Todten.

• Was ist das?

Ich glaube, daß Jesus Christus, wahrhaftiger Gott, vom Vater in Ewigkeit geboren, und auch wahrhaftiger Mensch, von der Jungfrau Maria geboren, sei mein Herr, der mich verlornen und verdammten Menschen erlöset hat, erworben und gewonnen von allen Sünden, vom Tod und von der Gewalt des Teufels, nicht mit Gold oder Silber, sondern mit Seinem heiligen, theuren Blut, und mit Seinem unschuldigen Leiden und Sterben, auf daß ich Sein eigen sei, und in Seinem Reich unter Ihm lebe und Ihm diene in ewiger Gerechtigkeit, Unschuld und Seligkeit; gleichwie Er ist auferstanden vom Tode, lebet und regieret in Ewigkeit. Das ist gewißlich wahr.

Der dritte Artikel.
Von der Heiligung.

Ich glaube an den heiligen Geist, Eine heilige christliche Kirche, die Gemeine der Heiligen, Vergebung der Sünden, Auferstehung des Fleisches, und ein ewiges Leben. Amen.

Was ist das?

Ich glaube, daß ich nicht aus eigener Vernunft noch Kraft an Jesum Christum, meinen Herrn, glauben oder zu Ihm kommen kann; sondern der heilige Geist hat mich durchs Evangelium berufen, mit Seinen Gaben erleuchtet, im rechten Glauben geheiliget und erhalten; gleichwie Er die ganze Christenheit auf Erden beruft, sammelt, erleuchtet, heiliget, und bei Jesu Christo erhält im rechten, einigen Glauben. In welcher Christenheit Er mir und allen Gläubigen täglich alle Sünde reichlich vergibt, und am jüngsten Tage mich und alle Todten auferwecken wird, und mir sammt allen Gläubigen in Christo ein ewiges Leben geben wird. Das ist gewißlich wahr.

Das dritte Hauptstück.

Vom Gebet des Herrn, oder Vater Unser.

Die Anrede.

Vater Unser, der Du bist im Himmel.

Was ist das?

Gott will uns damit locken, daß wir glauben sollen, Er sei unser rechter Vater, und wir Seine rechten Kinder, auf daß wir getrost und mit aller Zuversicht

Ihn bitten sollen, wie die lieben Kinder ihren lieben Vater.

Die erste Bitte.

Geheiliget werde Dein Name.

Was ist das?

Gottes Name ist zwar an ihm selbst heilig; aber wir bitten in diesem Gebet, daß er auch bei uns heilig werde.

Wie geschieht das?

Wo das Wort Gottes lauter und rein gelehret wird, und wir auch heilig, als die Kinder Gottes, darnach leben. Des hilf uns, lieber Vater im Himmel! Wer aber anders lehret und lebet, denn das Wort Gottes lehret, der entheiliget unter uns den Namen Gottes. Da behüte uns vor, himmlischer Vater!

Die zweite Bitte.

Dein Reich komme.

Was ist das?

Gottes Reich kommt wohl ohn' unser Gebet von ihm selbst; aber wir bitten in diesem Gebet, daß es auch zu uns komme.

Wie geschieht das?

Wenn der himmlische Vater uns Seinen heiligen Geist gibt, daß wir Seinem heiligen Wort durch Seine Gnade glauben, und göttlich leben, hier zeitlich und dort ewiglich.

Die dritte Bitte.

Dein Wille geschehe, wie im Himmel, also auch auf Erden.

Was ist das?

Gottes guter gnädiger Wille geschieht wohl ohne unser Gebet; aber wir bitten in diesem Gebet, daß er auch bei uns geschehe.

Wie geschieht das?

Wenn Gott allen bösen Rath und Willen bricht und hindert, so uns den Namen Gottes nicht heiligen und Sein Reich nicht kommen lassen wollen, als da ist des Teufels, der Welt und unsers Fleisches Wille; sondern stärket und behält uns fest in Seinem Wort und Glauben bis an unser Ende. Das ist sein gnädiger, guter Wille.

Die vierte Bitte.

Unser täglich Brod gib uns heute.

Was ist das?

Gott gibt täglich Brod auch wohl ohne unsre Bitte allen bösen Menschen; aber wir bitten in diesem Gebet daß Er uns erkennen lasse, und mit Danksagung empfahen unser täglich Brod.

Was heißt denn täglich Brod?

Alles, was zur Leibes Nahrung und Nothdurft gehört, als: Essen, Trinken, Kleider, Schuh, Haus, Hof, Acker, Vieh, Geld, Gut, fromm Gemahl, fromme Kinber, fromm Gesinde, fromme und treue Oberherren, gut Regiment, gut Wetter, Friede, Gesundheit, Zucht, Ehre, gute Freunde, getreue Nachbarn und desgleichen.

Die fünfte Bitte.

Und vergib uns unsre Schuld, wie vergeben unsern Schuldigern.

Was ist das?

Wir bitten in diesem Gebet, daß der Vater im Himmel nicht ansehen wolle unsere Sünde, und um derselben willen solche Bitte nicht versagen; denn wir sind der keines werth, das wir bitten, habens auch nicht verdient; sondern Er woll's uns Alles aus Gnaden geben; denn wir täglich viel sündigen, und wohl eitel Strafe verdienen. So wollen wir zwar wiederum auch herzlich vergeben und gerne wohl thun denen, die sich an uns versündigen.

Die sechste Bitte.

Und führe uns nicht in Versuchung.

Was ist das?

Gott versucht zwar Niemand, aber wir bitten in diesem Gebet, daß uns Gott wolle behüten und erhalten, auf daß uns der Teufel, die Welt, und unser Fleisch nicht betrüge, noch verführe in Mißglauben, Verzweiflung und andere große Schande und Laster; und ob wir damit angefochten würden, daß wir doch endlich gewinnen und den Sieg behalten.

Die siebente Bitte.

Sondern erlöse uns von dem Uebel.

Was ist das?

Wir bitten in diesem Gebet, als in der Summa, daß uns der Vater im Himmel von allerlei Uebel, Leibes und der Seele, Guts und Ehre erlöse, und zuletzt, wenn unser Stündlein kommt, ein seliges Ende bescheere, und mit Gnaden von diesem Jammerthal zu sich nehme in den Himmel.

Der Schluß.

Denn Dein ist das Reich, und die Kraft, und die Herrlichkeit, in Ewigkeit. Amen.

Was ist das?

Daß ich soll gewiß sein, solche Bitten sind dem Vater im Himmel angenehm und erhöret; denn Er selbst hat uns geboten also zu beten, und verheißen, daß Er uns will erhören. Amen, Amen, das heißt: Ja, ja, es soll also geschehen.

Das vierte Hauptstück.

Vom Sakrament der heiligen Taufe.

I.

Was ist die Taufe?

Die Taufe ist nicht allein schlecht Wasser; sondern sie ist das Wasser in Gottes Gebot gefasset und mit Gottes Wort verbunden.

Welches ist denn solch Wort Gottes?

Da unser Herr Christus spricht, Matthäi am letzten: Gehet hin in alle Welt, lehret alle Heiden, und taufet sie im Namen des Vaters, und des Sohnes, und des Heiligen Geistes.

II.
Was gibt oder nützet die Taufe?

Sie wirket Vergebung der Sünden, erlöset vom Tod und Teufel, und gibt die ewige Seligkeit Allen, die es glauben, wie die Worte und Verheißung Gottes lauten.

Welches sind solche Worte und Verheißung Gottes?

Da unser Herr Jesus Christus spricht, Marci am letzten: Wer da glaubet und getauft wird, der wird selig; wer aber nicht glaubet, der wird verdammet werden.

III.
Wie kann Wasser solche große Dinge thun?

Wasser thut's freilich nicht, sondern das Wort Gottes, so mit und bei dem Wasser ist, und der Glaube so solchem Wort Gottes im Wasser trauet. Denn ohne Gottes Wort ist das Wasser schlecht Wasser, und keine Taufe; aber mit dem Wort Gottes ist es eine Taufe, das ist, ein gnadenreich Wasser des Lebens, und ein Bad der neuen Geburt im heiligen Geiste, wie Sankt Paulus sagt zum Titus im dritten Capitel: durch das Bad der Wiedergeburt und Erneuerung, des hei=

ligen Geistes, welchen Er ausgegossen hat über uns reichlich durch Jesum Christum, unsern Heiland, auf daß wir durch desselben Gnade gerecht, und Erben seien des ewigen Lebens, nach der Hoffnung. Das ist je gewißlich wahr.

IV.
Was bedeutet denn solch Wassertaufen?

Es bedeutet, daß der alte Adam in uns durch tägliche Reue und Buße soll ersäufet werden, und sterben mit allen Sünden und bösen Lüsten, und wiederum täglich herauskommen und auferstehen ein neuer Mensch, der in Gerechtigkeit und Reinigkeit vor Gott ewiglich lebe.

Wo stehet das geschrieben?

Sankt Paulus zu den Römern am sechsten spricht: Wir sind sammt Christo durch die Taufe begraben in den Tod, daß, gleichwie Christus ist von den Todten auferwecket durch die Herrlichkeit des Vaters, also sollen wir auch in einem neuen Leben wandeln.

Col. 3, 5, 10: So tödtet nun eure Glieder, die auf Erden sind, Hurerei, Unreinigkeit, schändliche Brunst, böse Lust, und den Geiz, welcher ist Abgötterei. Und ziehet den neuen Menschen an, der da verneuert wird zu der Erkenntniß, nach dem Ebenbilde deß, der ihn geschaffen hat.

Das fünfte Hauptstück.

Das Sakrament des Altars.

I.

Was ist das Sakrament des Altars?

Es ist der wahre Leib und Blut unsers Herrn Jesu Christi, unter dem Brod und Wein, uns Christen zu essen und zu trinken von Christo selbst eingesetzt.

Wo stehet das geschrieben?

So schreiben die heiligen Evangelisten Matthäus, Markus, Lukas, und St. Paulus:

Unser Herr Jesus Christus, in der Nacht, da Er verrathen ward, nahm Er das Brod, dankte und brach's, und gab es Seinen Jüngern, und sprach: Nehmet hin und esset, das ist Mein Leib, der für euch gegeben wird. Solches thut zu Meinem Gedächtniß.

Desselben gleichen nahm Er auch den Kelch nach dem Abendmahl, dankte, und gab ihnen den und sprach: Nehmet hin und trinket Alle daraus. Dieser Kelch ist das neue Testament in Meinem Blute, das für euch vergossen wird zur Vergebung der Sünden. Solches thut, so oft ihr's trinket, zu Meinem Gedächtniß.

II.

Was nützet denn solch Essen und Trinken?

Das zeigen uns diese Worte: "Für euch gegeben und vergossen zur Vergebung der Sünden"; nämlich, daß uns im Sakrament Vergebung der Sünden, Leben und Seligkeit durch solche Worte gegeben wird. Denn wo Vergebung der Sünden ist, da ist auch Leben und Seligkeit.

III.

Wie kann leiblich Essen und Trinken solche große Dinge thun?

Essen und Trinken thut's freilich nicht, sondern die Worte, so da stehen: "Für euch gegeben und vergossen zur Vergebung der Sünden;" welche Worte sind neben dem leiblichen Essen und Trinken als das Hauptstück im Sakrament; und wer denselben Worten glaubt, der hat, was sie sagen und wie sie lauten, nämlich Vergebung der Sünden.

IV.

Wer empfängt denn solch Sakrament würdiglich?

Fasten und leiblich sich bereiten ist wohl eine feine äußerliche Zucht, aber der ist recht würdig und wohl geschickt, wer den Glauben hat an diese Worte: "Für euch gegeben und vergossen zur Vergebung der Sünden." Wer aber diesen Worten nicht glaubet oder zweifelt, der ist unwürdig und ungeschickt; denn das Wort "**Für euch**" fordert eitel gläubige Herzen.

Weitere Stücke.

I. Von der Beichte.

Die Beichte begreift zwei Stücke in sich: Eines, daß man die Sünden bekenne; das andere, daß man die Absolution oder Vergebung durch den Pastor empfahe, als von Gott selbst, und ja nicht daran zweifele, sondern fest glaube, die Sünden seien also vergeben vor Gott im Himmel.

Welche Sünden soll man denn beichten?

Vor Gott soll man aller Sünden sich schuldig geben, auch die wir nicht erkennen, wie wir im Vater Unser thun; aber vor dem Pastor sollen wir allein die Sünden bekennen, die wir wissen und fühlen im Herzen.

Welches sind die?

Da siehe deinen Stand an nach den zehn Geboten, ob du Vater, Mutter, Sohn, Tochter, Herr, Frau, Knecht, Magd seiest, ob du ungehorsam, untreu, unfleißig gewesen seiest, ob du Jemand leide gethan hast mit Worten oder Werken, ob du gestohlen, versäumet, verwahrloset, Schaden gethan hast.

II. Vom Gebet.

Wie ein Hausvater sein Gesinde soll lehren Morgens und Abends sich segnen.

Der Morgensegen.

Das walte Gott Vater, Sohn und Heiliger Geist. Amen.

Darauf knieend oder stehend den Glauben und Vaterunser, und dann das folgende Gebet:

Ich danke Dir, mein himmlischer Vater, durch Jesum Christum, Deinen lieben Sohn, daß Du mich diese Nacht vor allem Schaden und Gefahr behütet hast; und bitte Dich, Du wollest mich diesen Tag auch behüten vor Sünden und allem Uebel, daß Dir alle mein Thun und Leben gefalle. Denn ich befehle mich, meinen Leib und Seele und Alles in Deine Hände; Dein heiliger Engel seit mit mir, daß der böse Feind keine Macht an mir finde. Amen.

Der Abendsegen.

Das walte Gott Vater, Sohn und Heiliger Geist. Amen.

Darauf knieend oder stehend den Glauben und Vaterunser, und dann das folgende Gebet:

Ich danke Dir, mein himmlischer Vater, durch Jesum Christum, Deinen lieben Sohn, daß Du mich diesen Tag gnädiglich behütet hast; und bitte Dich, Du wollest mir vergeben alle meine Sünde, wo ich Unrecht gethan habe, und mich diese Nacht auch gnädiglich behüten. Denn ich befehle mich, mein Leib und Seele, und Alles in Deine Hände. Dein heiliger Engel sei mit mir, daß der böse Feind keine Macht an mir finde. Amen.

Wie ein Hausvater sein Gesinde soll lehren das Benedicite und Gratias sprechen.

Die Kinder und Gesinde sollen mit gefalteten Händen und züchtig vor den Tisch treten und sprechen:

Aller Augen warten auf Dich, Herr, und Du gibst ihnen ihre Speise zu seiner Zeit. Du thust Deine milde Hand auf, und sättigest Alles, was lebt, mit Wohlgefallen.

Darnach das Vater Unser und dies folgende Gebet:

Herr Gott, himmlischer Vater, segne uns und diese deine Gaben, die wir von Deiner milden Güte zu uns nehmen, durch Jesum Christum, unsern Herrn. Amen.

Das Gratias.

Danket dem Herrn, denn Er ist freundlich, und Seine Güte währet ewiglich. Der allem Fleische Speise gibt, der dem Vieh sein Futter gibt, den jungen Raben, die Ihn anrufen. Er hat nicht Lust an Stärke des Rosses, noch Gefallen an Jemandes Beinen. Der Herr hat Gefallen an denen, die Ihn fürchten, und auf Seine Güte warten.

Wir danken Dir, Herr Gott, himmlischer Vater, durch Jesum Christum, unsern Herrn, für alle Deine Wohlthat, der Du lebest und regierest in Ewigkeit. Amen.

III. Die Haustafel

etlicher Sprüche für allerlei heilige Orden und Stände, dadurch dieselbigen, als durch eigene Lection, ihres Amts und Dienstes zu vermahnen.

Den Bischöfen, Pfarrherren und Predigern.

Ein Bischof soll unsträflich sein, Eines Weibes Mann, nüchtern, mäßig, sittig, gastfrei, lehrhaftig; nicht ein Weinsäufer, nicht beißig, nicht unehrliche Handthierung treiben, sondern gelinde, nicht haderhaftig, nicht geizig; der seinem eigenen Hause wohl vorstehe, der gehorsame Kinder habe, mit aller Ehrbarkeit; nicht ein Neuling; der ob dem Wort halte, das gewiß ist und lehren kann, auf daß er mächtig sei, zu ermahnen, durch die heilsame Lehre, und zu strafen die Widersprecher. 1 Tim. 3. Tit. 1.

Was die Gemeine ihren Lehrern und Seelsorgern zu thun schuldig ist.

Der Herr hat befohlen, daß die, so das Evangelium verkündigen, sollen sich vom Evangelio nähren. 1 Cor. 9, 14.

Der unterrichtet wird mit dem Wort, der theile mit allerlei Gutes dem, der ihn unterrichtet. Gal. 6, 6.

Die Aeltesten, die wohl vorstehen, halte man zweifacher Ehren werth, sonderlich, die da arbeiten im Wort und in der Lehre. Denn es spricht die Schrift: Ein Arbeiter ist seines Lohnes werth. 1 Tim. 5.

Wir bitten euch, lieben Brüder, daß ihr erkennet, die an euch arbeiten, und euch vorstehen in dem Herrn, und euch ermahnen. Habet sie desto lieber um ihres Werks willen, und seid friedsam mit ihnen. 1 Thess. 5, 12. 13.

Gehorchet euren Lehrern und folget ihnen, denn sie wachen über eure Seelen, als die da Rechenschaft dafür geben sollen; auf daß sie das mit Freuden thun, und nicht mit Seufzen, denn das ist euch nicht gut. Hebr. 13, 17.

Von weltlicher Obrigkeit.

Jedermann sei unterthan der Obrigkeit, die Gewalt über ihn hat. Denn es ist keine Obrigkeit, ohne von Gott; wo aber Obrigkeit ist, die ist von Gott verordnet. Wer sich nun wider die Obrigkeit setzet, der widerstrebet Gottes Ordnung. Die aber widerstreben, werden über sich ein Urtheil empfahen; denn sie trägt das Schwert nicht umsonst; sie ist Gottes Dienerin, eine Rächerin zur Strafe über die, so Böses thun. Röm. 13.

Was die Unterthanen der Obrigkeit schuldig sind.

Gebet dem Kaiser, was des Kaisers ist; und Gott, was Gottes ist. Matth. 22, 21.

So seid nun aus Noth unterthan, nicht allein um der Strafe willen, sondern auch um des Gewissens willen. Derohalben müsset ihr auch Schoß geben, denn es sind Gottes Diener, die solchen Schutz sollen handhaben. So gebet nun Jedermann, was ihr schuldig seid: Schoß, dem Schoß gebühret; Zoll, dem Zoll gebühret; Furcht, dem die Furcht gebühret; Ehre, dem die Ehre gebühret. Röm. 13, 5—7.

So ermahne ich nun, daß man vor allen Dingen zuerst thue Bitte, Gebet, Fürbitte und Danksagung für alle Obrigkeit, auf daß wir ein ruhiges und stilles Leben führen mögen, in aller Gottseligkeit und Ehrbarkeit; denn solches ist gut, dazu auch angenehm vor Gott, unserm Heilande. 1 Tim. 2, 1—3.

Erinnere sie, daß sie den Fürsten und der Obrigkeit unterthan und gehorsam seien. Tit. 3, 1.

Den Ehemännern.

Ihr Männer, wohnet bei euren Weibern mit Vernunft, und gebet dem weiblichen, als dem schwächsten Werkzeug, seine Ehre, als Miterben der Gnade des Lebens, auf daß euer Gebet nicht gehindert werde. 1 Petr. 3. Und seid nicht bitter gegen sie. Col. 3.

Den Ehefrauen.

Die Weiber seien unterthan ihren Männern, als dem Herrn, wie Sara Abraham gehorsam war, und hieß ihn Herr; welcher Töchter ihr geworden seid, so ihr wohl thut, und nicht so schüchtern seid. 1 Petr. 3.

Den Eltern.

Ihr Väter, reizet eure Kinder nicht zum Zorn, daß sie nicht scheu werden; sondern ziehet sie auf in der Zucht und Vermahnung zum Herrn. Eph. 6.

Den Kindern.

Ihr Kinder, seid gehorsam euren Eltern in dem Herrn; denn das ist billig. „Ehre Vater und Mutter," das ist das erste Gebot, das Verheißung hat: nämlich, daß dir's wohl gehe, und lange lebest auf Erden. Eph. 6.

Den Knechten, Mägden und Arbeitern.

Ihr Knechte, seid gehorsam euren leiblichen Herren, mit Furcht und Zittern, in Einfältigkeit eures Herzens, als Christo selbst. Nicht mit Dienst allein vor Augen als Menschen zu gefallen, sondern als die Knechte Christi; daß ihr solchen Willen Gottes thut von Herzen, mit gutem Willen. Lasset euch dünken, daß ihr dem Herrn dienet, und nicht den Menschen; und wisset, was ein Jeglicher Gutes thut, das wird er von dem Herrn empfahen, er sei ein Knecht oder ein Freier. Eph. 6.

Den Hausherren und Hausfrauen.

Ihr Herren, thut auch dasselbige gegen sie, und lasset das Drohen, und wisset, daß ihr auch einen Herrn im Himmel habt, und ist bei Ihm kein Ansehen der Person. Eph. 6.

Der gemeinen Jugend.

Ihr Jungen, seid den Alten unterthan, und beweiset darin die Demuth; denn Gott widerstehet den Hoffärtigen, aber den Demüthigen gibt er Gnade. So demüthiget euch nun unter die gewaltige Hand Gottes, daß Er euch erhöhe zu Seiner Zeit. 1 Petr. 5.

Den Wittwen.

Welche eine rechte Wittwe und einsam ist, die stellet ihre Hoffnung auf Gott, und bleibet am Gebet Tag und Nacht. Welche aber in Wollüsten lebt, die ist lebendig todt. 1 Tim. 5.

Der Gemeine.

Liebe deinen Nächsten, wie dich selbst. In dem Wort sind alle Gebote verfasset. Röm. 13. Und haltet an mit Beten für alle Menschen. 1 Tim. 2.

Ein Jeder lern' sein Lection,
So wird es wohl im Hause stohn.

IV. Etliche Fragestücke

für die, so zum heiligen Abendmahl gehen wollen.

1. Glaubst du, daß du ein Sünder bist?

Ja, ich glaube es, ich bin ein Sünder.

2. Woher weißt du das?

Aus den heiligen zehn Geboten, die habe ich nicht gehalten.

3. Sind dir deine Sünden auch leid?

Ja, es ist mir leid, daß ich wider Gott gesündigt habe.

4. Was hast du denn mit deinen Sünden bei Gott verdient?

Seinen Zorn und Ungnade, zeitlichen Tod und ewige Verdammniß.

5. Hoffest du auch selig zu werden?

Ja, ich hoffe es.

6. Weß tröstest du dich denn?

Meines lieben Herrn Jesu Christi.

7. Wer ist Christus?

Gottes Sohn, wahrer Gott und Mensch.

8. Sind denn viele Götter?

Nein, nur Ein Gott, aber drei Personen, Vater, Sohn und heiliger Geist.

9. Was hat denn Christus für dich gethan, daß du dich seiner tröstest?

Er ist für mich gestorben und hat sein Blut am Kreuz für mich vergossen zur Vergebung meiner Sünden.

10. Ist der Vater auch für dich gestorben?

Nein, denn der Vater ist nur Gott, der heilige Geist auch; aber der Sohn ist wahrer Gott und wahrer Mensch für mich gestorben, und hat sein Blut für mich vergossen.

11. Woher weißt du das?

Aus dem heiligen Evangelio, und aus den Worten vom Sakrament, und bei seinem Leib und Blut, im Sakrament mir zum Pfand gegeben.

11. Wie lauten diese Worte?

Unser Herr Jesus Christus, in der Nacht da er verrathen ward, nahm er das Brod, dankete und brach's, und gab's seinen Jüngern, und sprach: Nehmet hin, und esset, das ist mein Leib, der für euch gegeben wird. Solches thut zu meinem Gedächtniß.

Desselbigen gleichen nahm er auch den Kelch nach dem Abendmahl, danketet und gab ihnen den, und sprach: dieser Kelch ist das neue Testament in meinem Blut, das für euch vergossen wird, zur Vergebung der Sünden. Solches thut, so oft ihr's trinket zu meinem Gedächtniß.

13. Glaubst du, daß im Sakrament der wahre Leib und das wahre Blut Christi sei?

Ja, ich glaube es.

14. Was bewegt dich, das zu glauben?

Die Worte Christi: Nehmet hin, esset, das ist mein Leib; trinket Alle daraus, das ist mein Blut.

15. Was sollen wir thun, wenn wir seinen Leib essen und sein Blut trinken, und das Pfand also annehmen?

Seinen Tod und Blutvergießen verkündigen, und gedenken, wie er uns gelehrt hat: Solches thut, so oft ihr's thut, zu meinem Gedächtniß.

16. Warum sollen wir seines Todes gedenken und denselben verkündigen?

Daß wir lernen glauben, daß keine Kreatur hat können genug thun, für unsere Sünde, denn Christus, wahrer Gott und Mensch, und daß wir lernen erschrecken vor unsern Sünden, und dieselbigen lernen groß achten, und uns sein allein freuen und trösten, und also durch denselbigen Glauben selig werden.

17. Was hat ihn denn bewogen, für deine Sünden zu sterben und genug zu thun?

Die große Liebe zu seinem Vater, zu mir, und zu andern Sündern, wie geschrieben stehet: Joh. 15; Röm. 6; Gal. 2; Eph. 5.

18. Endlich aber, warum willst du zum Sakrament gehen?

Auf daß ich lerne glauben, daß Christus um meiner

Sünde willen aus großer Liebe gestorben sei, wie gesagt, und darnach auch von ihm lerne, Gott und meinen Nächsten lieben.

19. Was soll einen Christen vermahnen und reizen, das Sakrament des Altars oft zu empfangen?

Von Gottes wegen soll ihn beide, des Herrn Christi Gebot und Verheißung, darnach auch seine eigene Noth, so ihm auf dem Halse lieget, treiben; um welcher willen solch Gebieten, Locken und Verheißen geschiehet.

20. Wie soll ihm aber ein Mensch thun, wenn er solche Noth nicht fühlen kann, oder keinen Hunger noch Durst zum Sakrament empfindet?

Dem kann nicht besser gerathen werden, denn daß er erstlich in seinen Busen greife, und fühle, ob er auch noch Fleisch und Blut habe, und glaube doch der Schrift, was sie davon saget: Gal. 5; Röm. 7.

Zum andern, daß er um sich sehe, ob er auch noch in der Welt sei, und denke, daß es an Sünde und Noth nicht fehlen werde, wie die Schrift saget: Joh. 15 und 16.

Zum dritten, so wird er ja auch den Teufel um sich haben, der ihm mit Lügen und Morden, Tag und Nacht keinen Frieden innerlich und äußerlich lassen wird; wie ihn die Schrift abmalet. Joh. 8 u. 16; 1 Petri 5; Ephes. 6; 2 Tim. 2.

Der Taufbund.

Ich entsage dem Teufel und allen seinen Werken, und allem seinen Wesen und übergebe mich Gott dem Vater, Gott dem Sohne, und Gott dem heiligen Geiste, Ihm getreu zu bleiben bis in den Tod. Das verhelfe mir Gott durch Jesum Christum in Kraft des heiligen Geistes! Amen.

Beichtgebet.

Ich armer Sünder bekenne Gott, meinem himmlischen Vater, daß ich leider schwerlich und mannigfaltig gesündigt habe; nicht allein mit äußerlichen groben Sünden, sondern vielmehr mit innerlicher angeborner Blindheit, Unglauben, Zweifel, Kleinmüthigkeit, Ungeduld, (Ungehorsam gegen meine Eltern und Vorgesetzten) Hoffart, bösen Lüsten, Geiz, heimlichen Neid, Haß, Mißgunst und anderen Sünden; daß ich auf mancherlei Weise mit Gedanken, Geberden, Worten und Werken die allerheiligsten Gebote Gottes übertreten habe, wie das mein Herr und Gott an mir erkennet und ich leider so vollkommen nicht erkennen kann. Also reuen sie mich und sind mir leid, und begehre von Herzen Gnade von Gott, durch seinen lieben Sohn Jesum Christum, und bitte, daß er mir seinen heiligen Geist zur Besserung meines Lebens mittheilen wolle! Amen.

---

1 Joh. 2, 28.

Und nun, Kindlein, bleibet bei ihm, auf daß, wenn er geoffenbaret wird, daß wir Freudigkeit haben, und nicht zu Schanden werden vor ihm in seiner Zukunft.

Zweite Abtheilung.

Abschnitt 1.—Gesetz und Evangelium.

Allgemeiner Religionsunterricht nach den Fünf Hauptstücken des Luther'schen Katechismus durch Belegstellen und Beispiele aus der heil. Schrift erläutert.

Erstes Hauptstück.—Die zehn Gebote.

Einleitung.

1. Wovon handelt der lutherische Katechismus?

Unser Katechismus handelt vom **Gesetz** und **Evangelium**, wie solches im Worte Gottes geoffenbaret ist.

2. Welcher Theil behandelt die Lehre vom Gesetz?

Das erste Hauptstück, in welchem die „zehn Gebote" aufgeführt und erklärt werden.

3. Welches sind die Stücke, die das Evangelium vortragen?

Der „Glaube", das „Vater Unser", das Sakrament der „Taufe" und das Sakrament des „Altars", wie diese in den übrigen Hauptstücken behandelt werden.

Joh. 1, 17: Das Gesetz ist durch Mosen gegeben; die Gnade und Wahrheit ist durch Jesum Christum geworden.

4. Was ist das Gesetz?

Das Gesetz ist die göttliche Anordnung dessen, was wir thun und lassen sollen.

Micha 6, 8: Es ist dir gesagt, Mensch, was gut ist, und was der Herr von dir fordert, nämlich Gottes Wort halten, und Liebe üben, und demüthig sein vor deinem Gott.

5. Welches ist der Hauptinhalt des Gesetzes?

Der Hauptinhalt des Gesetzes sind die „zehn Gebote", welche Gott der Herr seinem Volke, durch Mosen auf dem Berge Sinai, gegeben hat.

5 Mos. 5, 22: Das sind die Worte, die der Herr redete zu eurer ganzen Gemeine, auf dem Berge, aus dem Feuer, und der Wolke und Dunkel, mit großer Stimme, und that nichts dazu und schrieb sie auf zwei steinerne Tafeln, und gab sie mir.

6. Wo findest du diese Gebote verzeichnet?

Ich finde die zehn Gebote im Alten Testamente, und zwar im zwanzigsten Capitel des zweiten Buches Mosis; hernach im fünften Buche, Capitel fünf, für das Volk Israel wiederholt und, ihrem Hauptinhalte nach, auch im Neuen Testamente.

7. Was schließt du aus dieser verschiedentlichen Wiederholung der zehn Gebote?

Ich schließe hieraus, daß zwar die Form der zehn Gebote unwesentlich, ihr Inhalt aber von der größten Wichtigkeit für alle Menschen ist.

8. Wie hast du die Gebote gelernt?

Ich habe die Gebote so gelernt, wie sie in meinem Katechismus stehen, der Form nach etwas geändert, aber dem Inhalte nach getreu, so wie Gott sie gegeben hat.

9. Gelten die zehn Gebote noch als Gesetz Gottes?

Ja, denn sie enthalten das unveränderliche Sittengesetz, das auch Christus auf alle Zeiten und für alle Menschen bestätigt hat.

Matth. 5, 17–19: Ihr sollt nicht wähnen, daß ich gekommen bin, das Gesetz oder die Propheten aufzulösen. Ich bin nicht gekommen, aufzulösen, sondern zu erfüllen. Denn ich sage euch, wahrlich: Bis daß Himmel und Erde zergehe, wird nicht zergehen der kleinste Buchstabe, noch E i n Tüttel vom Gesetz, bis daß es alles geschehe.

10. **Wie werden die zehn Gebote eingetheilt?**

Die zehn Gebote werden eingetheilt in zwei unterschiedliche Tafeln, und handelt die erste von der Liebe gegen Gott, in den drei ersten Geboten, und die zweite, von der Liebe gegen den Nächsten, in den sieben letzten Geboten.

Matth. 22, 37–40: Jesus aber sprach zu ihm: Du sollst lieben Gott, deinen Herrn, von ganzem Herzen, von ganzer Seele, und von ganzem Gemüthe. Dies ist das vornehmste und größeste Gebot. Das andere aber ist dem gleich: Du sollst deinen Nächsten lieben als dich selbst. In diesen zweien Geboten hanget das ganze Gesetz und die Propheten.

Zum Nachlesen: 2 Mos. Cap. 19; 3 Mos. 26, 46; 5 Mos. 5, 1–22; 6, 1–9; Jos. 8, 30–35; Ps. 119, 9–18; 29–52; Matth. 19, 17–20; Röm. 7; Gal. 3, 19–27; Col. 2, 16. 17.

Denkspruch:

Dies sind die heil'gen zehn Gebot,
Die uns gab unser Herre Gott
Durch Mosen, seinen Diener treu,
Hoch auf dem Berge Sinai.

Die Gebot all uns gegeben sind,
Daß du dein' Sünd, o Menschenkind
Erkennen sollst und lernen wohl,
Wie man vor Gott recht leben soll.

Das erste Gebot.

11. **Wer redet zu uns im ersten, wie in allen nachfolgenden Geboten?**

Gott der Herr, der allein wahre Gott, Schöpfer Himmels und der Erde.

Jes. 44, 6: Ich bin der Erste und ich bin der Letzte, und außer Mir ist kein Gott.

Was verbietet Gott im ersten Gebote

Dr: Abgötterei oder den Götzendienst: Wir sollen nicht andere Götter haben neben ihm.

Matth. 4, 10: Du sollst anbeten Gott, deinen Herrn, und ihm allein dienen.

13. Wie treibt man Abgötterei?

Man treibt Abgötterei, wenn man irgend Etwas, sich selbst oder einen andern Menschen, mehr liebt und fürchtet, als Gott.

Röm. 1, 22. 23. 25: Da die Menschen sich für weise hielten, sind sie zu Narren geworden; und haben verwandelt die Herrlichkeit des unvergänglichen Gottes in ein Bild, und haben geehret und gedienet dem Geschöpfe, mehr denn dem Schöpfer, der da gelobet ist in Ewigkeit.

14. Was fordert Gott von uns?

Gott fordert von uns, daß wir Ihn über alle Dinge fürchten, lieben und vertrauen.

Jes. 42, 8: Ich der Herr, das ist mein Name; und will meine Ehre keinem Andern geben, noch meinen Ruhm den Götzen.

15. Was heißt: Gott über alle Dinge fürchten?

Gott fürchten heißt: Seine Größe und Heiligkeit stets vor Augen haben und sich hüten, in irgend eine Sünde zu willigen, noch zu thun wider Gottes Gebot.

Matth. 10, 28: Fürchtet euch nicht vor denen, die den Leib tödten, und die Seele nicht mögen tödten; fürchtet euch aber vielmehr vor Dem, der Leib und Seele verderben mag in die Hölle.

16. Was heißt: Gott über alle Dinge lieben?

Gott lieben heißt: Gott für das höchste Gut achten, ihm mit dem Herzen anhangen, immer in Gedanken mit ihm umgehen, das größte Verlangen nach ihm tragen, das größte Wohlgefallen an ihm haben, ihm ganz und gar sich ergeben, und um seine Ehre eifern.

Pf. 73, 25. 26: Wenn ich nur dich habe, so frage ich nichts nach Himmel und Erde, wenn mir gleich Leib und Seele verschmachtet, so bist du doch, Gott, allezeit meines Herzens Trost und mein Theil.

17. Was heißt: Gott über alle Dinge vertrauen?

Gott über alle Dinge vertrauen heißt: Sich auf ihn verlassen, seine Hoffnung auf ihn setzen und im Glauben an ihm verharren.

Pf. 37, 3—5: Hoffe auf den Herrn und thue Gutes; bleibe im Lande und nähre dich redlich. Habe deine Lust am Herrn; der wird dir geben, was dein Herz wünschet. Befiehl dem Herrn deine Wege, und hoffe auf ihn, er wird's wohl machen.

Biblische Beispiele von Abgötterei: 2 Mos. 32; 1 Kön. 12, 26—33; Dan. 3; Ap. Gesch. 12, 22. 23; 2 Tim. 4, 10;

Vom Vertrauen auf Gott: Henoch, Noah, Abraham, Isaak, Jakob, Joseph, Moses, Josua, David, Daniel, Esra, die Apostel u. s. w.

Zum Nachlesen: 2 Mos. 20, 1-6; Pf. 115, 3-8; 1 Cor. 8, 4-6; 2 Cor. 6, 16; Hebr. 11; Off. 22, 13-15.

Lobspruch:—Allein Gott in der Höh sei Ehr Und Dank für seine Gnade, Darum daß nun und nimmermehr Uns rühren kann ein Schade. Ein Wohlgefalln Gott an uns hat, Nun ist groß Fried ohn Unterlaß, All Fehd hat nun ein Ende.

N.B. Lerne auch den neunzehnten Psalm auswendig.

Das zweite Gebot.

18. Was verbietet Gott im zweiten Gebote?

Den Mißbrauch des göttlichen Namens; insonderheit: daß wir bei Seinem Namen nicht fluchen, schwören, zaubern, lügen oder trügen.

Jak. 3, 9. 10: Durch die Zunge loben wir Gott den Vater, und durch sie fluchen wir den Menschen, nach dem Bilde Gottes gemacht. Aus Einem Munde gehet Loben und Fluchen. Es soll nicht, lieben Brüder, also sein.

19. Welche weiteren Sünden schließt dieses ein?

Den Meineid, das Wahrsagen, Besprechen, Spotten und alles lose Reden über heilige Dinge.

Gal. 6, 7: Irret euch nicht; Gott läßt sich nicht spotten. Denn was der Mensch säet, das wird er ernten.

20. Warum verbietet Gott solches Alles?

Weil dadurch der Name Gottes gelästert, das Gewissen der Menschen beschwert und die öffentliche Wohlfahrt gefährdet wird.

Ps. 48, 11: Gott, wie dein Name, so ist auch dein Ruhm, bis an der Welt Ende; deine Rechte ist voller Gerechtigkeit.

21. Was fordert Gott von uns im zweiten Gebote?

Wir sollen den Namen Gottes in allen Nöthen anrufen, beten, loben und danken.

Col. 3, 17: Alles, was ihr thut mit Worten oder mit Werken, das thut Alles in dem Namen des Herrn Jesu, und danket Gott und dem Vater durch ihn.

B. B. 2 Mos. 7. 11; 4 Mos. 24; 1 Sam. 2; 17, 43; 2 Sam. 16, 13; 1 Kön. 13, 18; 2 Chron. 36, 13; Daniel 6, 10; Matth. 14, 7; 26, 63. 64; Luk. 2, 13. 14; Luk. 17, 15. 16; 18, 9-13; Ap. Gesch. 5, 1-3.

Zum Nachlesen: 3 Mos. 19, 12; 24, 15; 4 Mos. 30, 2. 3; Ps. 50, 16. 17; 50, 15; 103, 1. 2; 107, 1; Jes. 5, 20; Jer. 10, 6; Mal. 2, 2; Matth. 5, 23-37; 7, 7; 15, 8; Gal. 1, 8; Eph. 5, 19. 20; Col. 3, 16.

Gebetsvers:—Hilf, daß ich Deinen Gnadenbund Aus Deinem Wort erkenne, Auch nicht vergeblich mit dem Mund, Herr, Deinen Namen nenne; Daß ich bedenke Tag und Stund, Wie stark mich meiner Taufe Bund zu Deinem Dienst verbinde.

N.B. Lerne auch den ersten Psalm auswendig.

Das dritte Gebot.

22. Wie lautet das dritte Gebot?

Du sollst den Feiertag heiligen.

23. Wie lautet die mosaische Fassung dieses Gebotes?

Gedenke des Sabbathtages, daß du ihn heiligest. Sechs Tage sollst du arbeiten und alle deine Dinge beschicken; aber am siebenten Tage ist der Sabbath des Herrn, deines Gottes. Da sollst du kein Werk thun, noch dein Sohn, noch deine Tochter, noch dein Knecht, noch deine Magd, noch dein Vieh, noch dein Fremdling, der in deinen Thoren ist. Denn in sechs Tagen hat der Herr Himmel und Erde gemacht, und das Meer, und Alles, was darinnen ist; und ruhete am siebenten Tage. Darum segnete der Herr den Sabbathtag und heiligte ihn. (2 Mos. 20, 8–11.)

24. Wie darfst du aber so von der Bibel abweichen?

Wenn ich die Gebote etwas kürzer fasse, den rechten Sinn derselben aber beibehalte, so weiche ich nur von dem Buchstaben, nicht aber von dem Geiste des Gesetzes ab; übrigens ist der Wortlaut auch in der Bibel nicht immer derselbe. (1 Mos. 2, 2. 3; 5 Mos. 5, 12–15; Matth. 19, 17. 18; Marc. 12, 28–33; Luk. 10, 26. 27.)

2 Cor. 3, 6: Denn der Buchstabe tödtet, aber der Geist macht lebendig.

25. Ist aber das dritte Gebot überhaupt noch zu halten?

Ganz gewiß! Wenn auch die äußerliche Ordnung des Sabbathtages verändert ist, so ist doch die Feier Eines Ruhetages aus sieben ewig bindend.

Hesekiel 20, 20: Meine Sabbathe sollt ihr heiligen, daß sie seien ein Zeichen zwischen mir und euch; damit ihr wisset, daß ich der Herr euer Gott bin.

26. Welcher Tag der Woche ist denn unser Ruhetag?

Wir feiern nicht den siebenten, wie die Juden, sondern den ersten Tag in der Woche, und nennen unsern Feiertag nicht Sabbath, sondern Sonntag oder „Tag des Herrn".

Col. 2, 16. 17: So lasset nun Niemand euch Gewissen machen über Speise oder über Trank oder über bestimmte Feiertage, oder Neumonden, oder Sabbathe; welches ist der Schatten von dem, das zukünftig war, aber der Körper selbst ist in Christo.

27. Warum hat die christliche Kirche den ersten Wochentag zum Feiertage bestimmt?

Weil an diesem Tage Christus auferstanden ist von den Todten, die Apostel vom heiligen Geiste erfüllt wurden und auch zum ersten Male das Evangelium verkündigt haben.

28. Was haben wir außer dem Sonntage noch für Hauptfeiertage?

Zu Weihnachten feiern wir die Geburt des Herrn Jesu, am Charfreitage seinen Tod, Ostern seine Auferstehung, am Himmelfahrtstage seine Himmelfahrt, und zu Pfingsten die Ausgießung des heiligen Geistes.

29. Was verbietet Gott im dritten Gebote?

Wir sollen die Predigt und sein Wort nicht verachten; den öffentlichen Gottesdienst nicht ohne Noth versäumen, und den Feiertag nicht mit Wochenarbeiten und sündlichen Lustbarkeiten gemein machen.

Hebr. 10, 23-25: Lasset uns halten an dem Bekenntniß der Hoffnung, und nicht wanken; denn er ist treu, der sie verheißen hat. Und lasset uns unter einander unserer selbst wahrnehmen, mit Reizen zur Liebe und guten Werken. Und nicht verlassen unsere Versammlung, wie Etliche pflegen; sondern unter einander ermahnen, und das so viel mehr, so viel ihr sehet, daß sich der Tag nahet.

30. Dürfen wir denn am Sonntage gar keine Arbeit thun?

Sonntags dürfen Christen nur das thun, was zur

Erhaltung des Lebens an Menschen und Vieh, und durch vorkommende Unglücksfälle nothwendig wird.

Marc. 2, 27. 28: Der Sabbath ist um des Menschen willen gemacht und nicht der Mensch um des Sabbaths willen; so ist des Menschen Sohn ein Herr auch des Sabbaths.

31. Wie heiligen wir den Feiertag recht?

Wenn wir uns jeglicher Ruhestörung enthalten, in der Kirche Gottes Wort hören und lernen, und zu Hause gebetsvoll darüber nachdenken.

Col. 3, 16: Lasset das Wort Christi unter euch reichlich wohnen, in aller Weisheit; lehret und vermahnet euch selbst mit Psalmen und Lobgesängen und geistlichen lieblichen Liedern, und singet dem Herrn in eurem Herzen.

B. B. 2 Mof. 16, 23-27; 4 Mof. 15, 32-36; Jer. 2, 24; Luk. 4, 16-21; Cap. 14, 1-6; Ap. Gesch. 2, 37-46; 16, 13. 14; Off. 1, 10.

Zum Nachlesen: 2 Mof. 20, 24: Pf. 26, 4-8; Pf. 122; Jef. 58, 13. 14; Ap. Gesch. 20, 7-20; 1 Cor. 1, 5-7; Jak. 1, 22-24.

Gebetsvers: — Laß mich am Tage Deiner Ruh Mit Andacht vor Dich treten, Die Zeit auch heilig bringen zu Mit Danken und mit Beten; Daß ich hab meine Lust an Dir, Dein Wort gern höre und dafür herzinniglich Dich preise!

N.B. Lerne auch den 84. Psalm auswendig.

Das vierte Gebot.

32. Wie viele Gebote stehen auf der ersten, und wie viele auf der zweiten Tafel?

Auf der ersten Tafel stehen drei, und auf der zweiten, sieben Gebote.

33. Wovon handeln die Gebote der zweiten Tafel?

Von der Liebe gegen den Nächsten, oder den Pflichten, die wir unsern Nebenmenschen schuldig sind.

34. Wer ist dein Nächster?

Vornehmlich Vater und Mutter, dann aber auch mein Pastor, Lehrer und alle Vorgesetzten, und endlich alle Menschen, mit denen ich in Berührung komme.

35. Was fordert Gott in dem vierten Gebote?

Kindliche Liebe, ehrfurchtsvollen Gehorsam, und treue Pflichterfüllung gegen jede von Gott gestiftete Ordnung.

36. Wie sollst du dich gegen deine Eltern verhalten?

Ich soll Vater und Mutter

a) in Ehren halten: Spr. 30, 17: Ein Auge, das den Vater verspottet, und verachtet der Mutter zu gehorchen das müssen die Raben am Bach aushacken, und die jungen Adler fressen.

b) ihnen dienen: 1 Tim. 5, 4: Den Eltern Gleiches vergelten, das ist wohlgethan und angenehm vor Gott.

c) gehorchen: Col. 3, 20: Ihr Kinder seid gehorsam den Eltern in allen Dingen; denn das ist dem Herrn gefällig.

d) sie lieb und werth haben: Eph. 6, 2. 3: Ehre Vater und Mutter; das ist das erste Gebot, das Verheißung hat; Auf daß dir's wohl gehe, und lange lebest auf Erden.

37. Was wird weiter in diesem Gebote gefordert?

Ich soll mich gegen meine Vorgesetzten wie gegen meine Eltern ehrerbietig verhalten.

a) im Hause (Ephes. 6, 5-9), *b)* im Staate (Röm 13, 1. 2), *c)* in der Schule (1 Thess. 5, 12) und *d)* in der Kirche (Hebr. 13, 17.)

B. B. Isaak (1 Mos. 22), Joseph (1 Mos. 46-50), Samuel (1 Sam. 3), Ruth, (Cap. 1 u. 2), Elieser (1 Mos. 24), die Freunde Jeremiä (Jer. 26), der Jesusknabe (Luk. 2, 51. 52), Lydia (Ap. Gesch. 16, 14. 15.)

Dagegen: Die Brüder Josephs (1 Mos. 37), Absalom (2 Sam. 18), Gehasi (2 Kön. 5, 19-24), die Knaben von Beth El (2 Kön. 2, 23. 24), Joas (2 Kön. 13, 11 14.)

Zum Nachlesen: 3 Mos. 19, 32; Mal. 1, 6; Ap. Ges. 5, 29; 1 Tim. 5, 1; 1 Tim. 2, 1–3; 1 Pet. 2, 13. Hebr. 13, 17;

Gebetsvers:—Die Eltern, Lehrer, Obrigkeit, die vorgesetzt mir werden, Laß ja mich ehren allezeit, Daß mir's wohl geh auf Erden! Für ihre Sorg und Treu laß mich, Auch wenn sie werden wunderlich, Gehorsam sein und dankbar.

N.B. Lerne auch die „Haustafel" auswendig.

Das fünfte Gebot.

38. Was verbietet Gott im fünften Gebote?

Gott verbietet den Todtschlag. Ich soll meinem Nächsten an seinem Leibe keinen Schaden noch Leid thun.

1 Mos. 9, 5, 6: Ich will des Menschen Leben rächen an einem jeglichen Menschen, als der sein Bruder ist. Wer Menschen Blut vergießet, deß Blut soll auch durch Menschen vergossen werden; denn Gott hat den Menschen zu seinem Bilde gemacht.

39. Auf welche Weise versündigt man sich am fünften Gebote?

a) Nicht durch Todtschlag allein, da ein Mensch aus Bosheit einem andern das Leben nimmt, sondern auch durch

b) Selbstmord, denn wer ihm selbst Schaden thut, den heißt man billig einen Erzbösewicht. (Spr. 24, 8);

c) Zorn, Haß und Rachgier; Matth. 5, 21, 22; 1 Joh. 3, 15; Röm. 12, 19;

d) lieblose Behandlung solcher, welche in unserer Gewalt stehen; 1 Cor. 13, 1–7; Röm. 14, 7. 8; 1 Tim. 5, 8;

e) **Vernachläſſigung der Hülfsbedürftigen**; Jeſ. 58, 7: Brich dem Hungrigen dein Brod, und die, ſo im Elend ſind, führe in's Haus; ſo du Einen nackend ſieheſt, ſo kleide ihn, und entziehe dich nicht von deinem Fleiſche.

B. B. Kain (1 Moſ. 4, 8-14); Eſau (1 Moſ. 27, 41); Joſeph's Brüder (1 Moſ. 37, 34); Saul (1 Sam 31, 4); der reiche Mann (Luk. 16, 19-21); Judas (Matth. 27, 5).

40. Was wird hingegen von uns im fünften Gebote gefordert?

Wir ſollen unſerm Nächſten helfen und fördern in allen Leibes Nöthen.

Matth. 7, 12: Alles nun was ihr wollet, daß euch die Leute thun ſollen, das thut ihr ihnen; das iſt das Geſetz und die Propheten.

B. B. Abraham (1 Moſ. 13, 8. 9); Ruben (1 Moſ. 37, 21); Pharaoh's Tochter (2 Moſ. 2, 5-10); Either (Eſth. 4, 11-16); David (1 Sam. 26); Obadja (1 Kön. 18, 3); der Samariter (Luk. 10, 33).

Zum Nachleſen: Matth. 5, 44. 45; 1 Joh. 3, 16; Gal. 6, 9; 1 Tim. 5. 8; Röm. 14, 7. 8; Röm. 12, 20; Matth. 5, 7.

Gebetsvers:—Hilf, daß ich nimmer eigne Rach Aus Zorn und Feindſchaft übe; Dem, der mir anthut Leid und Schmach, Verzeihe und ihn liebe; Sein Glück und Wohlfahrt jedem gönn, Schau, ob ich jemand dienen könn, Und thu' es dann mit Freuden!

N. B. Lerne auch den Pſalm der chriſtlichen Liebe, 1 Cor. 13, auswendig.

Das ſechſte Gebot.

41. Was verbietet Gott im ſechſten Gebote?

Den Ehebruch und alles unkeuſche Weſen in Gedanken, Worten und Werken.

Eph. 5, 3. 4: Hurerei aber und alle Unreinigkeit oder Geiz

lasset nicht von euch gesagt werden, wie den Heiligen zusteht; auch schandbare Worte und Narrentheidinge oder Scherz, welche euch nicht ziemen, sondern vielmehr Danksagung.

42. Wodurch werden solche Sünden erzeugt und befördert?

Durch Unmäßigkeit im Essen und Trinken, Müssiggang, schamlose Redensarten, liederliche Gesellschaft, schlechte Bücher und Zeitschriften, unzüchtige Lieder und Bilder, Tanz und Alles was zur Wollust reizen mag.

Röm. 13, 13. 14: Laßt uns ehrbarlich wandeln, als am Tage; nicht in Fressen und Saufen, nicht in Kammern und Unzucht, nicht in Hader und Neid; sondern ziehet an den Herrn Jesum Christum, und wartet des Leibes, doch also, daß er nicht geil werde.

43. Was verlangt das sechste Gebot von verheiratheten wie von unverheiratheten Leuten?

a) Daß sie die Ehe für eine heilige Stiftung Gottes ansehen;

Hebr. 13, 4: Die Ehe soll ehrlich gehalten werden bei Allen, und das Ehebett unbefleckt; die Hurer aber und Ehebrecher wird Gott richten.

b) Daß sie keusch und züchtig leben in Worten und Werken.

1 Cor. 6, 19. 20: Wisset ihr nicht, daß euer Leib ein Tempel des heiligen Geistes ist, der in euch ist, welchen ihr habt von Gott, und seid nicht euer selbst? Denn ihr seid theuer erkauft. Darum so preiset Gott an eurem Leibe und in eurem Geiste, welche sind Gottes.

44. Was bewahrt uns vor Unkeuschheit?

Wenn wir wachen und beten, daß wir nicht in Anfechtung fallen, und uns vom Geiste Gottes durch sein Wort regieren lassen.

Gal. 5, 16: Wandelt im Geiste, so werdet ihr die Lüste des Fleisches nicht vollbringen.

B. B. Keuschheit: Isaak (1 Mos. 24); Joseph (1 Mos.39); Unkeuschheit: David (2 Sam. 11); Herodes (Matth. 14, 3, 4.)

Zum Nachlesen: 1 Mos. 1, 27. 28; Matth. 5, 28; 19, 4–6; 19, 9; 1 Cor. 6, 9. 10; Eph. 5, 3–4; 21–25; Phil. 4, 8; Col. 3, 5–8.

Gebetsvers:—Unreine Werk der Finsterniß Laß mich mein Lebtag meiden, Daß ich für böse Lust nicht müss' Der Hölle Qual dort leiden! Schaff in mir, Gott, ein reines Herz, Daß ich schandbare Wort und Scherz, Nebst andern Sünden fliehe!

N. B. Lerne auch Ps. 51, v. 3—19, auswendig.

Das siebente Gebot.

45. Was verbietet Gott im siebenten Gebote?

Den groben wie den feinen Diebstahl; nämlich, daß wir unsers Nächsten Geld oder Gut nicht mit Gewalt nehmen, noch dasselbe mit falscher Waare oder Handel an uns ziehen.

1 Tim. 6, 6–10: Es ist aber ein großer Gewinn, wer gottselig ist und läßt ihm genügen. Denn wir haben nichts in die Welt gebracht; darum offenbar ist, wir werden auch nichts hinausbringen. Wenn wir aber Nahrung und Kleider haben, so lasset uns begnügen: Denn die da reich werden wollen, die fallen in Versuchung und Stricke, und viele thörichte und schädliche Lüste, welche versenken die Menschen in's Verderben und Verdammniß. Denn Geiz ist eine Wurzel alles Uebels, welches hat Etliche gelüstet, und sind vom Glauben irre gegangen, und machen ihnen selbst viele Schmerzen.

46. Was leitet zur Uebertretung des siebenten Gebotes?

Das unrechte Begehren, Naschen, Verhehlung gefundener Gegenstände, Karten- und Glücksspiel, nachlässige Verwaltung anvertrauter Güter, leichtsinniges Borgen und Schuldenmachen, unnöthige Prozesse, Umgehung der staatsgesetzlichen Abgaben, falsche Vermö=

genßangabe, Entziehung und Verkürzung des Arbeits=
lohnes, und jegliche Befriedigung der Habsucht.

1 Cor. 6, 9, 10: Wisset ihr nicht, daß die Ungerechten wer=
den das Reich Gottes nicht ererben? Laßt euch nicht verfüh=
ren: weder die Hurer, noch die Abgöttischen, noch die Ehebre=
cher, noch die Weichlinge, noch die Knabenschänder, noch die
Diebe, noch die Geizigen, noch die Trunkenbolde, noch die Lä=
sterer, noch die Räuber, werden das Reich Gottes ererben.

B. B. Der reiche Mann (Luk. 16), Achan (Jos. 7, 19-21),
Judas (Joh. 12, 6). Annanias (Ap. Gesch. 5, 2), Jakob (1 Mos.
27, 1-9), Gehasi (2 Kön. 5, 21).

Zum Nachlesen: 3 Mos. 19, 55, 36; 5 Mos. 24, 15;
1 Sam. 2, 7; Spr. 22, 2; Jer. 27, 5; 1 Thess. 4, 11, 12;
2 Thess. 3, 13; 1 Tim. 6, 9, 10.

47. Was fordert Gott von uns im siebenten Gebote?

Wir sollen dem Nächsten sein Gut und Nahrung
helfen bessern und behüten.

1 Pet. 4. 10: Dienet einander, ein Jeglicher mit der Gabe,
die er empfangen hat, als die guten Haushalter der mancher=
lei Gnade Gottes.

B. B. Tabea (Ap. Gesch. 9, 36) half; Joseph (1 Mos.
39, 1-5) war treu; Zachäus (Luk. 19, 8) stattete zurück; Abra=
ham (1 Mos. 14, 11) stützte.

Zum Nachlesen: Eph. 4, 28; Phil. 2, 4; 3 Mos. 25,
36; 1 Joh. 3, 17; Matth. 25, 40; 1 Cor. 10, 24; Heb. 13, 19;
Matth. 6, 33.

Gebetsvers: Gib, Herr, daß ich mich redlich nähr' Und
böser Ränke schäme, Mein Herz von Geiz und Unrecht kehr
Und fremdes Gut nicht nehme. Und von der Arbeit meiner
Händ, Was übrig ist, auf Arme wend Und nicht auf Pracht
und Hoffahrt!

N. B. Lerne das 12. Capitel im Römerbriefe.

Das achte Gebot.

48. Was wird uns in diesem Gebote verboten?

Alles falsche Zeugniß, oder Alles, was wider die Wahrheit geredet oder gehandelt wird.

Spr. Sal. 12, 22: Falsche Mäuler sind dem Herrn ein Gräuel, die aber treulich handeln, gefallen ihm wohl.

49. Wie versündigen wir uns oft an diesem Gebote?

Durch falsches Zeugniß vor Gericht und im täglichen Leben, wenn wir unsern Nächsten fälschlich belügen, verrathen, afterreden, oder bösen Leumund machen.

Eph. 4, 25; Leget die Lügen ab und redet die Wahrheit, ein jeglicher mit seinem Nächsten, sintemal wir unter einander Glieder sind.

B. B. Ap. Gesch. 6, 11; 5, 8; Matth. 26, 65; 1 Mos. 37, 32; Joh. 9, 9, 22; Matt. 28, 13; 1 Sam. 21, 2; Röm. 3, 8; 1 Sam. 22, 9, 10; 23, 19, 20; Luk. 7, 39; 2 Sam. 16, 8; Matth. 26, 15, 16, 46; 1 Mos. 39, 17; 2 Sam. 15, 2; Ap. Gesch. 24, 1.

50. Was fordert Gott von uns im achten Gebote?

Wir sollen unsern Nächsten milde beurtheilen, ihn entschuldigen, Gutes von ihm reden, soweit es mit der Wahrheit besteht, und alle seine Handlungen möglichst gut auslegen.

1 Pet. 4, 8: Vor allen Dingen aber habt unter einander eine brünstige Liebe; denn die Liebe decket auch der Sünden Menge.

B. B. Jonathan (1 Sam. 19, 4, 5), der Vater (Luk. 15, 24), der Schächer (Luk. 23, 41), Paulus (Phil. 17, 18). Dagegen war Jael falsch (Richt. 4, 17), Adonia (1 Kön. 1, 51) heuchelte; Haman (Esther 3, 8) verleumdete

Zum Nachlesen: 3 Mos. 19, 16, 17; Ps. 15, 1-3; Ps. 28, 3; Spr. 17, 15; 24, 28; 11, 13; 25, 9; Jes. 5, 20; Matth.

7, 12; Joh. 8, 44; 1 Pet. 2, 1; Jak. 4, 11; Gal. 6, 1. 2; 1 Cor 13, 7.

Gebetsvers: Hilf, daß ich meines Nächsten Glimpf Zu retten mich befleiße, Von ihm abwende Schmach und Schimpf, Doch Böses nicht gut heiße! Gieb, daß ich lieb Aufrichtigkeit, Und Achscheu habe jederzeit An Lästerung und Lügen!

N. B. Lerne aus der Bergpredigt, Matth. 5, 1–12.

Das neunte und zehnte Gebot.

51. Was wird uns in den beiden letzten Geboten verboten?

Das selbstsüchtige und unrechte Begehren nach dem Erbgut und Hauswesen unsers Nächsten.

Spr. 24, 15: Laure nicht als ein Gottloser auf das Haus des Gerechten; verstöre seine Ruhe nicht.

52. Wodurch unterscheiden sich diese beiden Gebote von einander?

Das neunte Gebot bezieht sich auf das Erbgut, im Sinne damaliger Verhältnisse, das zehnte dagegen auf das im Leben erworbene Hauswesen, und wird in ersterem die Mißgunst und böse Lust, in letzterem aber die Habsucht und alle Ungerechtigkeit verboten.

Micha 2, 1. 2: Wehe denen, die Schaden zu thun trachten, und gehen mit bösen Tücken um auf ihrem Lager, daß sie es früh, wenn es Licht wird, vollbringen, weil sie die Macht haben. Sie reißen zu sich Aecker und nehmen Häuser, welche sie gelüstet; also treiben sie Gewalt mit eines Jeden Hause, und mit eines Jeden Erbe.

53. Welche Sünde liegt der Uebertretung beider Gebote zu Grunde?

Die Selbstsucht, welche die goldene Lebensregel: „**Alles nun, was ihr wollet, daß euch die Leute thun sollen, das thut ihr ihnen,**" nicht beherzigen mag.

54. Woher kommt die böse Lust und das sündliche Begehren?

Aus dem verderbten und irdisch-gesinnten Menschenherzen, welches Gott nicht über alle Dinge fürchten, lieben und vertrauen will.

Jak. 1, 14, 15: Ein jeglicher wird versucht, wenn er von seiner eigenen Lust gereizet und gelocket wird. Darnach wenn die Lust empfangen hat, gebieret sie die Sünde, die Sünde aber, wenn sie vollendet ist, gebieret sie den Tod.

B. B. Die Brüder Joseph's (Ap. Gesch. 7, 9), Ahab (1 Kön. 21), Absalom (2 Sam. 15), Israel (Jes. 1, 3), Balsazar (Dan. 5, 2), Herodes (Matth. 2, 16), Esau (1 Mos. 27, 45), Mirjam (4 Mos. 20, 1), die Gäste (Luk 14. 7), Isebel (1 Kön. 21, 7).

Zum Nachlesen: (Matth. 15, 19; 5 Mos. 19, 14; 3 Mos. 19, 2; Matth. 5, 8; 1 Mos. 3, 6).

Gebetsvers:—Laß mich des Nächsten Haus und Gut Nicht wünschen noch begehren, Was aber mir von Nöthen thut, Das wollst du mir gewähren; Doch, daß es Niemand schädlich sei, Ich auch ein ruhig Herz dabei Und deine Gnad behalte!

N. B. Lerne den 23. Psalm auswendig.

Schluß der zehn Gebote.

55. Ist's auch nöthig, daß man die Gebote halte?

Ja freilich, denn Gott hat sie uns aus Gnaden gegeben, damit wir glücklich leben und selig sterben lernen.

1 Tim. 4, 7. 8: Uebe dich selbst aber an der Gottseligkeit. Denn die leibliche Uebung ist wenig nütze; aber die Gottseligkeit ist zu allen Dingen nütze, und hat die Verheißung dieses und des zukünftigen Lebens.

56. Was begeht ein jeder, welcher die Gebote nicht hält?

Sünde, oder Unrecht und Ungehorsam gegen Gott.

1 Joh. 3, 4: Wer Sünde thut, der thut auch Unrecht, und die Sünde ist das Unrecht.

57. Wie aber sieht Gott die Sünde an?

Nach seiner Heiligkeit muß Gott die Sünde hassen, und nach seiner Gerechtigkeit wird er sie bestrafen.

Jer. 2, 19: Es ist deiner Bosheit Schuld, daß du so gestäupet wirst, und deines Ungehorsams, daß du so gestraft wirst. Also mußt du inne werden und erfahren, was es für Jammer und Herzeleid bringet, den Herrn, deinen Gott, verlassen und ihn nicht fürchten, spricht der Herr Herr Zebaoth.

58. Wie bestraft Gott die Uebertretung seiner Gebote?

Innerlich mit Angst und Unfrieden; äußerlich mit Elend, Noth und Tod, und endlich mit ewiger Verdammniß.

Röm. 2, 6-9: Gott wird geben einem Jeglichen nach seinen Werken; nämlich Preis und Ehre und unvergängliches Wesen denen, die mit Geduld in guten Werken trachten nach dem ewigen Leben; aber denen, die da zänkisch sind, und der Wahrheit nicht gehorchen, gehorchen aber dem Ungerechten, Ungnade und Zorn, Trübsal und Angst.

59. Was aber verheißt der Herr Allen, die seine Gebote halten?

Gnade und alles Gute an Leib, Haus und Nachkommenschaft; ein ruhiges Gewissen und die ewige Seligkeit.

Pf. 103, 17, 18: Die Gnade des Herrn währet von Ewigkeit zu Ewigkeit über die, so ihn fürchten; und seine Gerechtigkeit auf Kindeskind, bei denen, die seinen Bund halten, und gedenken an seine Gebote, daß sie darnach thun.

60. Kannst du aber die Gebote so vollkommen erfüllen, daß sie dir zur Seligkeit genügen?

Ach nein, denn ich bin von Natur zu allem Bösen geneigt, und finde in mir und außer mir viel Versuchung zur Sünde.

Röm. 7, 18. 19: Denn ich weiß, daß in mir, das ist, in meinem Fleisch, wohnet nichts Gutes. Wollen habe ich wohl, aber Vollbringen das Gute finde ich nicht. Denn das Gute, das ich will, das thue ich nicht; sondern das Böse, das ich nicht will, das thue ich.

61 Was ist denn nun deine Hoffnung?

Ich hoffe auf die Gnade Gottes in Christo Jesu, durch den Glauben, zur Vergebung der Sünde und Ergreifung des ewigen Lebens.

Eph. 2, 8. 9: Denn aus Gnaden seid ihr selig geworden, durch den Glauben; und dasselbige nicht aus euch; Gottes Gabe ist es; nicht aus den Werken, auf daß sich nicht Jemand rühme.

B. B. Bestraft wurden wegen Uebertretung des I. Gebotes Israel (2 Mos. 32, 28), Nebukadnezar (Dan. 4, 27. 29; des II. Sanherib (Jes. 37. 37); III. Nazareth (Luk. 4, 30), Israel (Jer. 17. 27); IV. Hophni und Pinehas (1 Sam. 4, 17); V. Cain [1 Mos. 4, 10-13]; VI. Die 24,000 [4 Mos. 25, 9]; VII. Achan [Jos 7, 25], Gehasi [2 Kön. 5, 20-27]; VIII. Isebel [2 Kön. 9, 33]. Annanias [Ap. Gesch. 5, 5]; IX. Abimelech [1 Mos. 20, 20]; X. Herodes [Ap. Gesch. 12, 21-23].

Gesegnet ward der Gehorsam gegen das I. Gebot an Abraham [1 Mos. 15, 5. 15], Salomo [1 Kön. 3, 12. 13]; II. Daniel [3, 28]; III. Lydia [Ap. Gesch. 16, 13. 14]; IV. Samuel [1 Sam. 2, 26]; V. Cornelius [Ap. Gesch. 10, 4. 5]; VI. Joseph [1 Mos. 39]; VII. Jakob [1 Mos. 31, 42]; VIII. Ahimaaz [2 Sam. 15, 36; 17, 21]; IX. Serubabel [Hag. 1, 14].

Zum Nachlesen: 2 Sam. 7; 19, 39; 1 Kön. 2, 7; Hiob 42, 12; Matth. 14, 4; Hos. 2, 19, 20; Jes. 18, 17; Ap. Gesch. 10, 4. 5; Ps. 119, 52-60.

Hes. 36, 26. 27: Und ich will euch ein neu Herz, und einen neuen Geist in euch geben; und will das steinerne Herz aus eurem Fleisch wegnehmen, und euch ein fleischern Herz geben; Ich will meinen Geist in euch geben, und will solche Leute aus euch machen, die in meinen Geboten wandeln und meine Rechte halten und darnach thun.

Hebr. 13, 20. 21: Der Gott des Friedens, der von den Todten ausgeführet hat den großen Hirten der Schafe, durch das Blut des ewigen Testaments, unsern Herrn Jesum, Der mache euch fertig in allem guten Werk, zu thun seinen Willen, und schaffe in euch, was vor ihm gefällig ist, durch Jesum Christum; welchem sei Ehre von Ewigkeit zu Ewigkeit! Amen.

Gebetsvers:—Ach, Herr, ich wollte deine Recht und deinen heil'gen Willen, Wie mir gebührt, als deinem Knecht, Ohn Mangel gern erfüllen; Doch fühl ich wohl was mir gebricht, Und wie ich das Geringste nicht vermag aus eignen Kräften.

Drum gib du mir von deinem Thron, Gott Vater, Gnad und Stärke! Verleih mir, Jesu, Gottes Sohn, daß ich thu rechte Werke! O heil'ger Geist, hilf, daß ich dich von ganzem Herzen, und als mich, Ohn Falsch, den Nächsten lieben!

Die zehn Gebote in Versen.

1. Ich bin allein dein Gott, mich soll dein Herz umfassen,
2. Auch meinen Namen ehr'n, und dessen Mißbrauch hassen.
3. Den Sabbath halte theuer, ich hab' ihn selbst gegeben, Zu deinem wahren Heil und deiner Seele Leben.
4. Die ich dir vorgesetzt, die sollst du herzlich ehren,
5. Und wer dein Nächster ist, nicht hassen noch versehren.
6. Die böse Fleisches=Lust sollst du mit Ernst ersticken,
7. Und allen Diebes=Sinn bei Zeiten unterdrücken.
8. Der Wahrheit fleiß'ge dich im Reden und im Zeugen; Und was du nicht recht weißt, da sollst du lieber schweigen.
9. 10. Von deines Nächsten Haus und die ihm zugehören, Ist dies mein ernster Will, du sollst sie nicht begehren.

Schluß.

Nimm diese Vorschrift hin, ich geb' sie dir aus Gnaden, So du sie übertrittst, bringst du dich selbst in Schaden; Erwählst du sie mit Lust, und thust, was vorgeschrieben, Ich bin der Herr, dein Gott, ich will dich ewig lieben.

Anm. Die Gebetsverse sind von D. Denicke, geb. 1603.

Das zweite Hauptstück.—Vom christlichen Glauben.

Einleitung.

1. Wovon handelt unser zweites Hauptstück?

Unser zweites Hauptstück handelt von den drei Artikeln des christlichen Glaubens, nämlich im ersten von der „Schöpfung", im zweiten von der „Erlösung" und im dritten von der „Heiligung."

Gal. 3, 23: Ehe der Glaube kam, wurden wir unter dem Gesetz verwahret und verschlossen auf den Glauben, der da sollte geoffenbaret werden.

2. Wie nennt man diese Artikel, und woher kommen sie?

Das „apostolische Glaubensbekenntniß", und ist dasselbe den Lehren der Apostel und dem Zeugniß der älteren Kirchengeschichte entnommen.

3. Wessen Glaube wird in diesen Artikeln ausgesprochen?

Mein und aller Christen Glaube, von den Tagen der Apostel bis an das Ende der Welt.

4. Zu welcher Religion bekennst du dich denn?

Ich bekenne mich durch Gottes Gnade zur christlichen Religion, welche die allein wahre und seligmachende ist.

1 Tim. 1, 15: Das ist je gewißlich wahr, und ein theuer werthes Wort, daß Christus Jesus gekommen ist in die Welt, die Sünder selig zu machen.

5. Wie kommst du zu diesem Bekenntniß?

Durch die heilsame Erkenntniß des wahren Gottes aus seinem Worte, worauf meine Seligkeit beruht.

Joh. 17, 3: Das ist aber das ewige Leben, daß sie dich, daß du allein wahrer Gott bist, und den du gesandt hast, Jesum Christum, erkennen.

6. Was ist denn eigentlich die Christliche Religion?

Der Glaube an den Dreieinigen Gott, Vater, Sohn und Heiligen Geist, wie Er sich in Christo geoffenbaret hat.

Joh. 14, 6: Jesus spricht zu ihm: Ich bin der Weg und die Wahrheit und das Leben; Niemand kommt zum Vater denn durch mich.

7. Bekennen sich nicht alle Menschen zur Christlichen Religion?

Ach nein! es gibt noch viele Ungläubige und Falschgläubige, wie Heiden, Juden, Muhamedaner und andere.

Jef. 60, 2: Denn siehe, Finsterniß bedeckt das Erdreich, und Dunkel die Völker; aber über dir gehet auf der Herr, und seine Herrlichkeit erscheinet über dir.

8. Ist aber der christliche Glaube von großer Wichtigkeit für uns?

Ja, denn durch Christum sind wir vom Fluche des Gesetzes erlöset und mit Gott versöhnt.

2 Cor. 5, 19. 21: Gott war in Christo und versöhnete die Welt mit ihm selber, und rechnete ihnen ihre Sünden nicht zu, und hat unter uns aufgerichtet das Wort von der Versöhnung. Denn er hat den, der von keiner Sünde wußte, für uns zur Sünde gemacht, auf daß wir würden in ihm die Gerechtigkeit, die vor Gott gilt.

9. Was bist du denn in diesem deinen Glauben?

Ich bin ein Christ aus Gottes Beruf und Gnaden, das heißt: Ein Gesalbter Gottes.

2 Tim. 1, 9: Der uns hat selig gemacht, und berufen mit einem heiligen Ruf, nicht nach unsern Werken, sondern nach seinem Vorsatz und Gnade, die uns gegeben ist in Christo Jesu vor der Zeit der Welt.

10. Von wem führst du diesen Namen?

Ich führe den Namen „Christ" von meinem Herrn

Christo, den Gott mit dem heiligen Geist ohne Maß gesalbet hat.

Ap. Gesch. 10, 38: Gott hat Jesum von Nazareth gesalbet mit dem Heiligen Geist und Kraft.

1 Joh. 2, 20: Ihr habt die Salbung von dem, der heilig ist.

11. Warum führst du deinen Namen von Christo?

Weil ich auf den Namen Jesu Christi getauft bin, und an ihn glaube; auch mit Christlicher Lehre und Wandel ihm diene, und von ihm die ewige Seligkeit erwarte.

Gal. 3, 26. 27: Ihr seid alle Gottes Kinder durch den Glauben an Christo Jesu; denn wie viele euer getauft sind, die haben Christum angezogen.

———

B. B. Henoch, Noah, Abraham, Mose, Daniel, Thomas [Joh. 20, 24–31]; der Kämmerer [Ap. Gesch. 8, 35–37]; das cananäische Weib [Matth. 15, 21–28]; Petrus [Joh. 6, 68–69.]

Zum Nachlesen: Matth. 6, 26; 19, 16–26; Luk. 10, 38–42; 12, 16–21; Joh. 3, 3; Ap. Gesch. 2, 37. 38; 9, 1–20; 10, 34–48; 11, 26; Phil. 3, 1–16; 2, 12. 13.

Gebet: Eins ist noth, ach Herr, dies Eine, Lehre mich erkennen doch! Alles Andre, wie's auch scheine, Ist ja nur ein schweres Joch, Darunter das Herze sich naget und plaget, Und dennoch kein wahres Vergnügen erjaget. Erlang ich dies Eine, das Alles ersetzt, So werd ich mit Einem in Allem ergötzt.

———

Der erste Artikel.—Von der Schöpfung.

1. Ich glaube

Joh. 3, 16. Also hat Gott die Welt geliebet, daß er seinen eingebornen Sohn gab, auf daß Alle, die an ihn glauben, nicht verloren werden, sondern das ewige Leben haben.

Röm. 1, 16. Denn ich schäme mich des Evangelii von Christo nicht; denn es ist eine Kraft Gottes, die da selig macht Alle, die daran glauben, die Juden vornehmlich, und auch die Griechen.

Heb. 11, 1. 3. 6. Es ist aber der Glaube eine gewisse Zuversicht deß, das man hoffet, und nicht zweifelt an dem, das man nicht siehet. Durch den Glauben merken wir, daß die Welt durch Gottes Wort fertig ist; daß Alles, was man siehet, aus nichts geworden ist. Aber ohne Glauben ist es unmöglich Gott gefallen; denn wer zu Gott kommen will, der muß glauben, daß er sei, und denen, die ihn suchen, ein Vergelter sein werde.

2 Cor. 5, 7. Denn wir wandeln im Glauben, und nicht im Schauen.

2. An Gott.

Röm. 1, 19. Denn daß man weiß, daß Gott sei, ist ihnen offenbar; denn Gott hat es ihnen geoffenbaret.

Ps. 14, 1. Die Thoren sprechen in ihrem Herzen: „Es ist kein Gott." Sie taugen nichts, und sind ein Greuel mit ihrem Wesen; da ist Keiner, der Gutes thue.

a) Einigkeit.

5 Mos. 6, 4. Höre, Israel, der Herr, unser Gott, ist ein einiger Herr. [Marc. 12, 29].

b) Dreieinigkeit.

Matth. 28, 19. Gehet hin, und lehret alle Völker, und taufet sie im Namen des Vaters, und des Sohnes, und des heiligen Geistes.

2 Cor. 13, 13. Die Gnade unsers Herrn Jesu Christi, und die Liebe Gottes, und die Gemeinschaft des heiligen Geistes sei mit euch allen! Amen.

Joh. 14, 16. 17. Ich [der Sohn] will den Vater bitten, und er soll euch einen andern Tröster geben, daß er bei euch bleibe ewiglich, Den Geist der Wahrheit, welchen die Welt nicht kann empfangen; denn sie siehet ihn nicht, und kennet ihn nicht. Ihr aber kennet ihn; denn er bleibet bei euch, und wird in euch sein.

c) **Eigenschaften.**

Gott ist ein unsichtbares, geistiges und vollkommenes Wesen.

1 Cor. 8, 6. So haben wir doch nur Einen Gott, den Vater, von welchem alle Dinge sind, und wir in ihm; und Einen Herrn, Jesum Christum, durch welchen alle Dinge sind, und wir durch ihn.

Joh. 4, 24. Gott ist ein Geist; und die ihn anbeten, die müssen ihn im Geist und in der Wahrheit anbeten.

1 Tim. 6, 15. 16. Der Selige und allein Gewaltige, der König aller Könige, und Herr aller Herren; Der allein Unsterblichkeit hat; der da wohnet in einem Licht, da Niemand zukommen kann; welchen kein Mensch gesehen hat, noch sehen kann; dem sei Ehre und ewiges Reich! Amen.

Ewigkeit. Ps. 90, 1. Herr Gott, Du bist unsere Zuflucht für und für. Ehe denn die Berge worden, und die Erde, und die Welt geschaffen worden, bist Du, Gott, von Ewigkeit zu Ewigkeit.

Allmacht. 1 Chron. 30, 11. 12. Alles was im Himmel und auf Erden ist, das ist dein. Dein ist das Reich, und du bist erhöhet über Alles zum Obersten. Dein ist Reichthum und Ehre vor dir, Du herrschest über Alles; in deiner Hand stehet Kraft und Macht; in deiner Hand stehet es, Jedermann groß und stark zu machen.

Allgegenwart. Ap. Gesch. 17, 27. 28. Daß sie den Herrn suchen sollten, ob sie doch ihn fühlen und finden möchten. Und zwar er ist nicht ferne von einem jeglichen unter uns. Denn in ihm leben, weben und sind wir.

Allwissenheit. Ps. 139, 1-4. Herr, du erforschest mich, und kennest mich. Ich sitze oder stehe auf, so weißt Du es; Du verstehest meine Gedanken von ferne. Ich gehe oder liege, so bist du um mich, und siehest alle meine Wege. Denn siehe, es ist kein Wort auf meiner Zunge, daß Du, Herr, nicht alles wissest.

Allweisheit. Röm. 11, 33. O welch eine Tiefe des Reichthums, beides, der Weisheit und Erkenntniß Gottes! Wie gar unbegreiflich sind seine Gerichte, und unerforschlich seine Wege.

Unveränderlichkeit. Jak. 1, 17. Alle gute Gabe, und alle vollkommene Gabe kommt von oben herab, von dem Vater des Lichts, bei welchem ist keine Veränderung, noch Wechsel des Lichts und Finsterniß.

Wahrhaftigkeit. Ps. 33, 4. Des Herrn Wort ist wahrhaftig, und was er zusagt, das hält er gewiß.

Heiligkeit. Jes. 6, 3. Heilig, heilig, heilig, ist der Herr Zebaoth, alle Lande sind seiner Ehre voll!

Gerechtigkeit. 5 Mos. 32, 4. Er ist ein Fels. Seine Werke sind unsträflich; denn Alles, was er thut, das ist recht. Treu ist Gott, und kein Böses an ihm, gerecht und fromm ist er.

Gütigkeit und Liebe. 1 Joh. 4, 16. Gott ist die Liebe; und wer in der Liebe bleibet, der bleibet in Gott und Gott in ihm.

Barmherzigkeit. 2 Mos. 34, 6. Herr, Herr Gott, barmherzig, und gnädig, und geduldig, und von großer Gnade und Treue!

Gnade. Ps. 103, 17. Die Gnade aber des Herrn währet von Ewigkeit zu Ewigkeit über die, so ihn fürchten; und seine Gerechtigkeit auf Kindeskind.

3. Den Vater allmächtigen.

Mal. 2, 10. Haben wir nicht Alle Einen Vater? Hat uns nicht Ein Gott geschaffen? Warum verachten wir denn einer den andern, und entheiligen den Bund, mit unsern Vätern gemacht?

1. Cor. 8, 6. So haben wir doch nur Einen Gott, den Vater, von welchem alle Dinge sind, und wir in ihm; und Einen Herrn, Jesum Christum, durch welchen alle Dinge sind, und wir durch ihn.

Jer. 10, 12. Er aber hat die Erde durch seine Kraft gemacht, und den Weltkreis bereitet durch seine Weisheit, und den Himmel ausgebreitet durch seinen Verstand.

Jac. 1, 18. Er hat uns gezeuget nach seinem Willen durch das Wort der Wahrheit, auf daß wir wären Erstlinge seiner Creaturen.

4. Die Schöpfung.

Neh. 9, 6. Herr, Du bist es allein. Du hast gemacht den Himmel und aller Himmel Himmel mit alle ihrem Heer, die Erde, und Alles, was darauf ist, die Meere und Alles, was darinnen ist; Du machest Alles lebendig, und das himmlische Heer betet dich an.

a) der Welt.

1 Mos. 1, 1. Am Anfang schuf Gott Himmel und Erde.

Hiob 12, 7—9. Frage doch das Vieh, das wird dich's lehren, und die Vögel unter dem Himmel, die werden dir's sagen. Oder rede mit der Erde, die wird dich's lehren, und die Fische im Meer werden dir's erzählen. Wer weiß solches alles nicht, daß des Herrn Hand das gemacht hat.

Jer. 32, 17. Ach, Herr, Herr, siehe, Du hast Himmel und Erde gemacht durch deine große Kraft und durch deinen ausgestreckten Arm, und ist kein Ding vor dir unmöglich.

b) Der Engel.

Col. 1, 16. Denn durch ihn ist Alles geschaffen, das im Himmel und auf Erden ist, das Sichtbare und Unsichtbare, beide, die Thronen, und Herrschaften, und Fürstenthümer, und Obrigkeiten; es ist alles durch ihn und zu ihm geschaffen.

Hebr. 1, 14. Sind die Engel nicht allzumal dienstbare Geister, ausgesandt zum Dienst, um derer willen, die ererben sollen die Seligkeit?

Judä, V. 6. Auch die Engel, die ihr Fürstenthum nicht behielten, sondern verließen ihre Behausung, hat er behalten zum Gericht des großen Tages, mit ewigen Banden in Finsterniß.

c) der Menschen.

1 Mos. 2, 7. Gott der Herr machte den Menschen aus einem Erdenkloß, und er blies ihm ein den lebendigen Odem in seine Nase. Und also ward der Mensch eine lebendige Seele.

1 Mos. 1, 26. 27. Gott sprach: Lasset uns Menschen machen, ein Bild, das uns gleich sei, die da herrschen über die Fische im Meer, und über die Vögel unter dem Himmel, und

über das Vieh, und über die ganze Erde, und über alles Gewürm, das auf Erden kriechet. Und Gott schuf den Menschen ihm zum Bilde, zum Bilde Gottes schuf er ihn; und er schuf sie ein Männlein und Fräulein.

Ap. Gesch. 17, 26. Gott hat gemacht, daß von Einem Blut aller Menschen Geschlechter auf dem ganzen Erdboden wohnen, und hat Ziel gesetzt, zuvor versehen, wie lange und weit sie wohnen sollen.

Hiob 10, 11. 12. Du hast mir Haut und Fleisch angezogen, mit Beinen und Adern hast du mich zusammen gefüget, Leben und Wohlthat hast du an mir gethan, und dein Aufsehen bewahret meinen Odem.

5. Der Sündenfall.

1 Mos. 1, 31. Und Gott sahe an Alles, was er gemacht hatte; und siehe da, es war sehr gut.

1 Mos. 2, 17. Von dem Baum des Erkenntnisses Gutes und Böses sollst du nicht essen. Denn welches Tages du davon issest, wirst du des Todes sterben.

Röm. 5, 12. Durch Einen Menschen die Sünde ist gekommen in die Welt, und der Tod durch die Sünde, und ist also der Tod zu allen Menschen durchgedrungen, dieweil sie alle gesündiget haben.

Col. 3, 9. 10. Ziehet den alten Menschen mit seinen Werken aus, und ziehet den neuen an, der da verneuert wird zu der Erkenntniß, nach dem Ebenbilde deß, der ihn geschaffen hat.

6. Die Vorsehung.

1 Mos. 8, 22. So lange die Erde stehet, soll nicht aufhören Same und Ernte, Frost und Hitze, Sommer und Winter, Tag und Nacht.

Psalm 145, 15, 16. Aller Augen warten auf dich; und Du gibst ihnen ihre Speise zu seiner Zeit, Du thust deine Hand auf, und erfüllest Alles, was lebet, mit Wohlgefallen.

Matth. 6, 31. 32. Darum sollt ihr nicht sorgen und sagen: Was werden wir essen? Was werden wir trinken? Womit werden wir uns kleiden? Nach solchem allen trachten die Heiden. Denn euer himmlischer Vater weiß, daß ihr deß alles bedürfet.

Ap. Gesch. 14, 17. Gott hat sich selbst nicht unbezeuget gelassen, hat uns viel Gutes gethan, und vom Himmel Regen und fruchtbare Zeiten gegeben, unsere Herzen erfüllet mit Speise und Freude.

7. Väterliche Güte und kindlicher Dank.

1 Mos. 32, 10. Ich bin zu gering aller Barmherzigkeit und aller Treue, die du an deinem Knechte gethan hast; denn ich hatte nicht mehr, denn diesen Stab, da ich über diesen Jordan ging, und nun bin ich zwei Heere geworden.

Ps. 116, 12. 14. Wie soll ich dem Herrn vergelten alle seine Wohlthat, die er an mir thut? Ich will meine Gelübde dem Herrn bezahlen, vor all seinem Volk.

Röm. 12, 1. Ich ermahne euch, lieben Brüder, durch die Barmherzigkeit Gottes, daß ihr eure Leiber begebet zum Opfer, das da lebendig, heilig und Gott wohlgefällig sei, welches sei euer vernünftiger Gottesdienst.

 Nun danket alle Gott,
  Mit Herzen, Mund und Händen ɛc.

Der zweite Artikel.—Von der Erlösung.

1. Jesus Christus.

Matth. 1, 21. Des Namen sollst du Jesus heißen; denn Er wird sein Volk selig machen von ihren Sünden.

Joh. 20, 31. Diese aber sind geschrieben, daß ihr glaubet, Jesus sei Christ, der Sohn Gottes: und daß ihr durch den Glauben das Leben habt in seinem Namen.

Ap. Gesch. 4, 12. Und ist in keinem Andern Heil, ist auch kein anderer Name den Menschen gegeben, darinnen wir sollen selig werden.

(5 Mos. 18, 18; Ps. 110, 1-4; Jes. 9, 6. 7; Jes. 11, 1. 2; Luk. 2, 21; Joh. 1, 41. 45; Ap. Gesch. 8, 37; Phil. 2, 5-11.)

2. Wahrhaftiger Gott.

Joh. 1, 1. Im Anfang war das Wort, und das Wort war bei Gott, und Gott war das Wort.

Röm. 9, 5. Welcher auch sind die Väter, aus welchen Christus herkommt nach dem Fleisch, der da ist Gott über Alles, gelobet in Ewigkeit. Amen.

1 Joh. 5, 20. Dieser (Jesus Christus) ist der wahrhaftige Gott, und das ewige Leben.

(Joh. 1, 14; Joh. 20, 28; Col. 2, 9; 1 Joh. 5, 20; 1 Tim. 2, 16; Heb. 1, 8; Röm. 9, 5.)

3. Vom Vater in Ewigkeit geboren.

Pf. 2, 7. Du bist mein Sohn, heute habe ich dich gezeuget.

Joh. 8, 58. Jesus sprach zu ihnen: Wahrlich, wahrlich, ich sage euch: Ehe denn Abraham ward, bin Ich.

Hebr. 13, 8. Jesus Christus, gestern und heute, und derselbe auch in Ewigkeit.

(Joh. 3, 16; Spr. 8, 22. 23; Micha 5, 2; Röm. 8, 3; Heb. 4, 15.)

4. Auch wahrhaftiger Mensch von der Jungfrau Maria geboren.

1 Tim. 2, 5. 6. Denn es ist Ein Gott, und Ein Mittler zwischen Gott und den Menschen, nämlich der Mensch Christus Jesus, Der sich selbst gegeben hat für Alle zur Erlösung, daß solches zu seiner Zeit geprediget würde.

Gal. 4, 4. 5. Da aber die Zeit erfüllet ward, sandte Gott seinen Sohn, geboren von einem Weibe, und unter das Gesetz gethan, Auf daß er die, so unter dem Gesetz waren, erlösete, daß wir die Kindschaft empfingen.

(Luk. 1, 26-56; Luk. 2, 1-14; Matth. 1, 18-25; Phil. 2, 6-11; 1 Pet. 2, 21.)

5. Mein Herr.

Joh. 13, 13. Ihr heißet mich Meister und Herr, und sagt recht daran; denn ich bin es auch.

Ap. Gesch. 2, 36. So wisse nun das ganze Haus Israels gewiß, daß Gott diesen Jesum, den ihr gekreuziget habt, zu einem Herrn und Christ gemacht hat.

6. Der mich verlornen und verdammten Menschen erlöset hat.

Jes. 53, 6. Wir gingen alle in der Irre wie Schafe, ein

Jeglicher sahe auf seinen Weg; aber der Herr warf unser aller Sünde auf ihn.

Eph. 2, 3. Wir haben alle weiland unsern Wandel gehabt in den Lüsten unsers Fleisches, und thaten den Willen des Fleisches und der Vernunft, und waren auch Kinder des Zorns von Natur, gleichwie auch die Andern.

Gal. 3, 13. Christus aber hat uns erlöset von dem Fluch des Gesetzes, da er ward ein Fluch für uns (denn es stehet geschrieben: „Verflucht ist Jedermann, der am Holz hänget").

(Matth. 18, 11; 1 Cor. 1, 39; Luk. 1, 68-79; Jes. 35, 45.)

7. Von allen Sünden.

1 Joh. 1, 7. Das Blut Jesu Christi, seines Sohnes, macht uns rein von aller Sünde.

Jes. 53, 6. Aber der Herr warf unser aller Sünde auf Ihn.

Ap. Gesch 4, 12. Es ist in keinem Andern Heil, ist auch kein anderer Name den Menschen gegeben, darinnen wir sollen selig werden.

(1 Joh. 3, 4; Röm. 5, 19; 1 Kön. 8, 46; Jes. 59, 2; Matth. 1, 21.)

8. Vom Tode und von der Gewalt des Teufels.

Röm. 5, 12. Derhalben, wie durch Einen Menschen die Sünde ist gekommen in die Welt, und der Tod durch die Sünde, und ist also der Tod zu allen Menschen durchgedrungen, dieweil sie alle gesündiget haben.

2 Tim. 1, 10. Unser Heiland Jesus Christus, der dem Tode die Macht hat genommen, und das Leben und ein unvergänglich Wesen an das Licht gebracht, durch das Evangelium.

1 Joh. 3, 8. Dazu ist erschienen der Sohn Gottes, daß er die Werke des Teufels zerstöre.

(1 Mos. 2, 17; Off. 21, 8; 1 Cor. 15, 55-57; Joh. 5, 24; 1 Pet. 5, 8; Luk. 8, 12; 2 Cor. 4, 4; Off. 12, 9; Hebr. 2, 14.)

9. Nicht mit Gold oder Silber, sondern 2c.

1 Pet. 1, 18. 19. Und wisset, daß ihr nicht mit vergänglichem Silber oder Gold erlöset seid von eurem eiteln Wandel

nach väterlicher Weise; sondern mit dem theuren Blute Christi, als eines unschuldigen und unbefleckten Lammes.

Heb. 7, 26. Denn einen solchen Hohenpriester sollten wir haben, der da wäre heilig, unschuldig, unbefleckt, von den Sündern abgesondert, und höher, denn der Himmel ist.

(Jes. 53, 4, 5; 1 Cor. 6, 19, 20; 1 Pet. 2, 27; Heb. 5, 7, 8; Heb. 12, 2; Gal. 3, 16.)

10. Auf daß ich sein eigen sei ꝛc.

2 Cor 5, 15. Und er ist darum für Alle gestorben, auf daß die, so da leben, hinfort nicht ihnen selbst leben, sondern dem, der für sie gestorben und auferstanden ist.

Röm. 14, 9. Denn dazu ist Christus auch gestorben, und auferstanden und wieder lebendig geworden, daß er über Todte und Lebendige Herr sei.

Luk. 1, 74, 75. Daß wir, erlöset aus der Hand unserer Feinde, ihm dieneten ohne Furcht unser Lebenlang, in Heiligkeit und Gerechtigkeit, die ihm gefällig ist.

(Joh. 19, 26; 2 Tim 2, 11, 12; Col. 1, 12–14; Jes. 53, 11, 12; Gal. 2, 20.)

11. Gleichwie er ist auferstanden ꝛc.

Röm. 6, 4. Gleichwie Christus ist auferwecket von den Todten, durch die Herrlichkeit des Vaters, also sollen auch wir in einem neuen Leben wandeln.

2 Cor. 5, 15. Christus ist darum für Alle gestorben, auf daß die, so da leben, hinfort nicht ihnen selbst leben, sondern dem, der für sie gestorben und auferstanden ist.

12. Das ist gewißlich wahr.

Röm. 8, 38, 39. Denn ich bin gewiß, daß weder Tod noch Leben, weder Engel noch Fürstenthum, noch Gewalt, weder Gegenwärtiges noch Zukünftiges, weder Hohes noch Tiefes, noch keine andere Creatur, mag uns scheiden von der Liebe Gottes, die in Christo Jesu ist, unserm Herrn.

Der dritte Artikel.—Von der Heiligung.

1. Der heilige Geist.

1 Cor. 12, 3. Daß Niemand Jesum verfluchet, der durch den Geist Gottes redet; und Niemand kann Jesum einen Herrn heißen, ohne durch den heiligen Geist.

Joh. 15, 26. Wenn aber der Tröster kommen wird, welchen Ich euch senden werde vom Vater, der Geist der Wahrheit, der vom Vater ausgehet; der wird zeugen von mir.

(1 Cor. 2, 14; Ap. Gesch. 5 3, 4; Phil. 2, 13.)

2. Hat mich durch das Evangelium berufen 2c.

2 Thes. 2, 14. Darein er euch berufen hat durch unser Evangelium, zum herrlichen Eigenthum unsers Herrn Jesu Christi.

2 Cor. 4, 6. Denn Gott, der da hieß das Licht aus der Finsterniß hervor leuchten, der hat einen hellen Schein in unsere Herzen gegeben, daß (durch uns) entstände die Erleuchtung von der Erkenntniß der Klarheit Gottes in dem Angesicht Jesu Christi.

(Ap. Gesch. 26, 17, 18; 17, 30, 31; 2 Cor. 7, 10; Eph. 1, 18, 18.)

B. B. David (2 Sam. 12, 13); der verlorene Sohn (Luk. 15); der Zöllner (Luk. 18, 9); Petrus (Matth. 26, 75); der Kämmerer (Ap. Gesch. 6, 37); der Kerkermeister (Apost. 16).

3. Im rechten Glauben geheiliget und erhalten.

1 Cor. 6, 11. Aber ihr seid abgewaschen, ihr seid geheiliget, ihr seid gerecht geworden durch den Namen des Herrn Jesu, und durch den Geist unsers Gottes.

Gal. 5, 22. Die Frucht aber des Geistes ist Liebe, Freude, Friede, Geduld, Freundlichkeit, Gütigkeit Glaube, Sanftmuth, Keuschheit.

Phil. 2, 12, 13. Schaffet, daß ihr selig werdet, mit Furcht und Zittern. Denn Gott ist es, der in euch wirket beides, das Wollen und das Vollbringen, nach seinem Wohlgefallen.

(Matth. 7, 17; 2 Theff. 2. 14; 1 Theff. 5, 23, 24; 2 Cor. 5, 17; Phil. 1, 6; Eph. 4, 30.)

B. B. Die Jünger (Apost. 2, 4); die Heiden (Apost. 15, 9); Petrus (Luk. 22, 32.)

4. Gleichwie er die ganze Christenheit auf Erden 2c.

Eph. 4, 4–6. Ein Leib und ein Geist, wie ihr auch berufen seid auf einerlei Hoffnung eures Berufs. Ein Herr, Ein Glaube, Eine Taufe, Ein Gott und Vater (unser) aller, der da ist über euch alle, und durch euch alle, und in euch allen.

(1 Tim, 3, 15; Eph. 2, 19–22; 1 Pet. 2, 9; Eph. 5, 25–27; Heb. 12, 22, 24; Gal. 3, 28; Eph. 1, 22, 23.)

5. Täglich alle meine Sünden vergibt.

a) Buße.

Apost. 3, 19. Thut Buße und bekehret euch, daß eure Sünden vertilget werden.

Pf 51, 5, 6. Ich erkenne meine Missethat, und meine Sünde ist immer vor mir. An dir allein habe ich gesündiget, und übel vor dir gethan, auf daß du Recht behaltest in deinen Worten, und rein bleibest, wenn du gerichtet wirst.

2. Cor. 7, 10. Denn die göttliche Traurigkeit wirket zur Seligkeit eine Reue, die Niemand gereuet; die Traurigkeit aber der Welt wirket den Tod.

(Röm. 3, 20; Eph. 2, 8, 9; 1 Pet. 1, 13; Röm. 8, 33, 34.)

b) Rechtfertigung.

Röm. 5, 18. Wie nun durch Eines Sünde die Verdammniß über alle Menschen gekommen ist: also ist auch durch Eines Gerechtigkeit die Rechtfertigung des Lebens über alle Menschen gekommen.

Röm. 3, 28. So halten wir es nun, daß der Mensch gerecht werde ohne des Gesetzes Werke, allein durch den Glauben=

(1 Joh. 1, 8, 9; 1 Joh. 2, 1; Pf. 103, 11–13; Gal. 4, 6, 8; Röm. 5, 1, 2; Gal. 2, 20; 2. Cor. 5, 17; Tit. 3, 8; 2 Cor. 5, 18, 20; 1 Joh. 1, 9.)

B. B. Der Gichtbrüchige (Matth. 9, 1–8.)

6. Und am jüngsten Tage mich auferwecken wird.

Röm. 8, 11. So nun der Geist deß, der Jesum von den Todten auferwecket hat, in euch wohnet: so wird auch derselbige, der Christum von den Todten auferwecket hat, eure sterblichen Leiber lebendig machen, um deß willen, daß sein Geist in euch wohnet.

Phil. 3, 20. 21. Unser Wandel aber ist im Himmel, von dannen wir auch warten des Heilandes Jesu Christi, des Herrn, welcher unsern nichtigen Leib verklären wird, daß er ähnlich werde seinem verklärten Leibe, nach der Wirkung, damit er kann auch alle Dinge ihm unterthänig machen.

(Joh. 11, 24; 1 Cor. 15, 42-44; Joh. 5, 26-29; 2 Cor. 5, 10)

7. Und mir ein ewiges Leben geben wird.

Joh. 17, 24. Vater, ich will, daß, wo Ich bin, auch die bei mir seien, die du mir gegeben hast, daß sie meine Herrlichkeit sehen, die du mir gegeben hast; denn du hast mich geliebet, ehe denn die Welt gegründet ward.

1 Pet. 1, 3. 4. Gelobet sei Gott und der Vater unsers Herrn Jesu Christi, der uns nach seiner großen Barmherzigkeit wiedergeboren hat zu einer lebendigen Hoffnung, durch die Auferstehung Jesu Christi von den Todten, zu einem unvergänglichen und unbefleckten und unverwelklichen Erbe, das behalten wird im Himmel.

Off. 7, 16. 17. Sie wird nicht mehr hungern noch dürsten; es wird auch nicht auf sie fallen die Sonne, oder irgend eine Hitze. Denn das Lamm mitten im Stuhl wird sie weiden, und leiten zu den lebendigen Wasserbrunnen; und Gott wird abwischen alle Thränen von ihren Augen.

(2 Thess. 1, 7-9; Matth. 25, 31-46; 1 Joh. 3, 2; 2 Pet. 3 10-13.)

8. Das ist gewißlich wahr.

Heb. 6, 17. 18. Aber Gott, da Er wollte den Erben der Verheißung überschwänglich beweisen, daß sein Rath nicht wankte, hat er einen Eid dazu gethan, auf daß wir durch zwei Stücke, die nicht wanken (denn es ist unmöglich, daß Gott lüge), einen starken Trost haben, die wir Zuflucht haben und halten an der angebotenen Hoffnung.

Hebr. 13, 9. Lasset euch nicht mit mancherlei und fremden Lehren umtreiben; denn es ist ein köstlich Ding, daß das Herz fest werde, welches geschieht durch Gnade, nicht durch Speisen, davon keinen Nutzen haben, die damit umgehen.

Gebetsweihe. Laß mich dein sein und bleiben, Du treuer Gott und Herr; Von dir laß mich nichts treiben, Halt mich bei deiner Lehr. Herr, laß mich nur nicht wanken, Gib mir Beständigkeit; Dafür will ich dir danken In alle Ewigkeit!

Das dritte Hauptstück. — Vom Gebet.

Eingang.

1. Was ist das Gebet?

Das Gebet ist das gläubige Gespräch des Herzens mit Gott.

Pf. 19, 15. Laß dir wohlgefallen die Rede meines Mundes, und das Gespräch meines Herzens vor dir, Herr, mein Hort und mein Erlöser.

2. Muß man das Beten auch lernen?

Ja freilich, denn wir sind von Natur nicht geschickt dazu, sondern das Beten ist eine feine, heilige Kunst der Kinder Gottes.

Pf. 63, 6. Das wäre meines Herzens Freude und Wonne, wenn ich dich mit fröhlichem Munde loben sollte.

3. Wie lernen wir beten?

Durch den heiligen Geist, wenn wir uns von ihm

regiren laſſen; aber wir müſſen uns auch zum Beten gewöhnen und uns darin üben.

1 Theſſ. 5, 17. Betet ohne Unterlaß.

4. Wie mag ſolche Gewöhnung und Uebung geſchehen?

Wenn wir unſer Leben in eine feſte Gottesordnung faſſen, wie uns dieſe in den Morgen=, Abend= und Tiſchgebeten des Catechismus vorgeſchrieben iſt.

Phil. 4, 6. In allen Dingen laſſet eure Bitte im Gebet und Flehen mit Dankſagung vor Gott kund werden.

5. Wie wird das Gebet in chriſtlichen Häuſern gepflegt?

Durch den häuslichen Gottesdienſt, da der Hausva=ter täglich ſeine Hausgenoſſen zu Gebet und Gottes Wort verſammelt, daß ſie ſich erbauen zu einer Behau=ſung Gottes im Geiſt.

Eph. 5 18–20. Werdet voll Geiſtes, und redet unter ein=ander von Pſalmen und Lobgeſängen und geiſtlichen Liedern, ſinget und ſpielet dem Herrn in eurem Herzen; und ſaget Dank allezeit für Alles, Gott und dem Vater, in dem Namen unſers Herrn Jeſu Chriſti.

6. In weſſen Namen ſollen wir beten?

In Jeſu Namen und um ſeines Verdienſtes willen

Joh. 16, 23. Wahrlich, wahrlich, ich ſage euch: So ihr den Vater etwas bitten werdet in meinem Namen, ſo wird er es euch geben.

7. Wie ſollen wir beten?

Im rechten kindlichen Glauben.

Jak. 1, 6, 7. Er bitte aber im Glauben, und zweifle nicht; denn wer da zweifelt, der iſt gleich wie die Meereswoge, die vom Winde getrieben und gewebet wird. Solcher Menſch denke nicht, daß er etwas von dem Herrn empfangen werde

8. Woher nehmen wir zum Beten die rechte Anleitung?

Aus dem, was der heilige Geiſt im Worte gege=

ben und als ein Geist des Gebets in seiner Kirche gewirkt und gelehrt hat.

Matth. 6, 7, 9. Wenn ihr betet, sollt ihr nicht viel plappern, wie die Heiden; denn sie meinen, sie werden erhört, wenn sie viele Worte machen .... Darum sollt ihr also beten.

9. Welches ist dasjenige Gebet, das uns als Muster gegeben ist?

Das Vater Unser, das aller christlichen Gebete Grund und Vorbild ist, und auch selbst zu allen Zeiten und unter allen Umständen mit Segen gebetet wird.

Matth. 6, 9—13.

10. Warum nennen wir es das „Vater Unser?"

Weil es nach seiner ursprünglichen Form mit den Worten „Vater unser" anfängt.

11. Warum nennen wir es auch das „Gebet des Herrn?"

Weil es uns der Herr Jesus gelehrt hat.

12. Wie theilen wir das „Vater Unser" ein?

In Anrede, sieben Bitten und Schluß.

(Ps. 27, 8; Ps 95, 6, 7; 1 Tim. 2, 1, 2; Heb. 7, 25; Jak. 5, 16; Ps. 55, 18; Dan. 6, 10; Matth. 18, 20; Jos. 24, 15; Matth. 6, 6; 1 Tim. 2, 8.)

B. B. Abraham (1 Mos. 18, 22); Mose (2 Mos. 17); Elias (Jak. 5, 17; 1 Kön. 18, 42.)

Gebetsvers. O Gott, du frommer Gott, Du Brunnquell guter Gaben, Ohn den nichts ist, was ist, Von dem wir Alles haben: Gesunden Leib gib mir, Und daß in solchem Leib Ein unverletzte Seel Und rein Gewissen bleib.

Anrede.

Jes. 63, 16. Bist Du doch unser Vater. Denn Abraham weiß von uns nicht, und Israel kennet uns nicht. Du aber, Herr, bist unser Vater und unser Erlöser; von Alters her ist das dein Name.

(Gal. 4, 6; Jak. 5, 16; Pj. 103, 19; Jej. 57, 15; Heb. 7, 25; Eph. 3, 14. Pred. 5, 1; Matth. 7, 11; 1 Joh. 3, 11.)

Die erste Bitte.

Pj. 100, 3, 4. Erkennet, daß der Herr Gott ist! Er hat uns gemacht, und nicht wir selbst, zu seinem Volk, und zu Schafen seiner Weide. Gehet zu seinen Thoren ein mit Danken, zu seinen Vorhöfen mit Loben; danket ihm, lobet seinen Namen!

1 Pet. 2, 9. Ihr aber seid das auserwählte Geschlecht, das königliche Priesterthum, das heilige Volk, das Volk des Eigenthums, daß ihr verkündigen sollt die Tugenden deß, der euch berufen hat von der Finsterniß, zu seinem wunderbaren Licht.

Matth. 5, 16. Lasset euer Licht leuchten, vor den Leuten, daß sie eure guten Werke sehen, und euren Vater im Himmel preisen.

(Pj. 99, 3; Joh. 17, 6, 17; Pj. 119, 37; Joh. 8, 31, 32; 1 Pet. 1, 15; 1 Tim. 6, 3-5; Röm. 2, 21-24; Tit. 1, 16.)

Die zweite Bitte.

Röm. 14, 17. Denn das Reich Gottes ist nicht Essen und Trinken, sondern Gerechtigkeit, und Friede, und Freude in dem heiligen Geist.

Luk. 12, 32. Fürchte dich nicht, du kleine Heerde; denn es ist eures Vaters Wohlgefallen, euch das Reich zu geben.

(Pj. 2, 8; Jej. 55, 11; Joh. 10, 16; Röm. 10, 13-15; Tit. 2, 11-13; Mal. 1. 11.)

Die dritte Bitte.

Eph. 1, 4-6. Gott hat uns erwählet durch denselbigen, ehe der Welt Grund geleget war, daß wir sollten sein heilig und unsträflich vor ihm in der Liebe: und hat uns verordnet zur Kindschaft gegen ihn selbst, durch Jesum Christum, nach dem Wohlgefallen seines Willens, zu Lobe seiner herrlichen Gnade, durch welche er uns hat angenehm gemacht in dem Geliebten.

Matth. 7, 21. Es werden nicht Alle, die zu mir sagen: Herr, Herr! in das Himmelreich kommen; sondern die den Willen thun meines Vaters im Himmel.

1 Pet. 5, 10. Der Gott aber aller Gnade, der uns berufen hat zu seiner ewigen Herrlichkeit in Christo Jesu, derselbige wird euch, die ihr eine kleine Zeit leidet, vollbereiten, stärken, kräftigen, gründen.

(Ps. 33, 11; 1 Joh. 3, 8; Jes. 55, 8, 9; Eph. 6, 12; 1 Joh. 2, 15, 16; Gal. 5, 18; Röm. 16, 20; Col. 2, 6, 7; 1 Pet. 4, 19.)

Die vierte Bitte.

Ps. 104, 14. Du lässest Gras wachsen für das Vieh, und Saat zu Nutz den Menschen, daß du Brod aus der Erde bringest.

Matth. 5, 45. Er läßt seine Sonne aufgehen über die Bösen und über die Guten, und läßt regnen über Gerechte und Ungerechte.

Matth. 6, 34. Sorget nicht für den andern Morgen, denn der morgende Tag wird für das Seine sorgen. Es ist genug, daß ein jeglicher Tage seine eigene Plage habe.

(Jer. 5, 24; Ps. 127, 1; 1 Mos. 3, 1-9; 1 Tim. 6, 6-8; 2 Thess. 3, 10-12; Ps. 104, 27, 28; 1 Tim. 4, 4, 5.)

Die fünfte Bitte.

Matth. 6, 14, 15. So ihr den Menschen ihre Fehler vergebet, so wird euch euer himmlischer Vater auch vergeben. Wo ihr aber den Menschen ihre Fehler nicht vergebet, so wird euch euer Vater eure Fehler auch nicht vergeben.

Matth. 18, 21, 22. Petrus trat zu ihm, und sprach: Herr, wie oft muß ich denn meinem Bruder, der an mir sündiget, vergeben? Ist's genug sieben Mal? Jesus sprach zu ihm: Ich sage dir, nicht sieben Mal, sondern siebenzig Mal sieben Mal.

(Jes. 59, 12; Ps. 25, 7; Ps. 130, 3; Ps. 51, 11; Dan. 9, 18; Luk. 17, 10; Eph. 4, 32; Röm. 12, 20, 21.)

Die sechste Bitte.

Jak. 1, 13. Niemand sage, wenn er versucht wird, daß er von Gott versucht werde. Denn Gott ist nicht ein Versucher zum Bösen, Er versucht Niemand.

1 Cor. 10, 13. Es hat euch noch keine, denn menschliche, Versuchung betreten; aber Gott ist getreu, der euch nicht läßt versuchen über euer Vermögen, sondern macht, daß die Versuchung so ein Ende gewinne, daß ihr es könnet ertragen.

(1 Pet. 4, 12; 5 Mos. 8, 2. 3; Jak. 1, 12; 2 Cor. 11, 13, 14; Spr. 1, 10; Matth. 18, 6, 7; Jak. 1, 14; Heb. 2, 18; 2 Pet. 2, 9; Jak. 4, 7; Matth. 26, 41; Eph. 6, 16; 1 Cor. 1, 8; Eph. 6, 13; 1 Tim. 6, 12.)

Die siebente Bitte.

Röm. 5, 3-5. Wir rühmen uns auch der Trübsal, dieweil wir wissen, daß Trübsal Geduld bringet; Geduld aber bringet Erfahrung; Erfahrung aber bringet Hoffnung; Hoffnung aber läßt nicht zu Schanden werden. Denn die Liebe Gottes ist ausgegossen in unser Herz durch den heiligen Geist, welcher uns gegeben ist.

Offenb. 21, 4. Gott wird abwischen alle Thränen von ihren Augen; und der Tod wird nicht mehr sein, noch Leid, noch Geschrei, noch Schmerzen wird mehr sein; denn das Erste ist vergangen.

(Heb. 10. 35, 36; 2 Cor. 4, 17, 18; Heb. 12, 5-7; 2 Tim. 4, 18; Joh. 17, 15.)

Schluß.

Ps. 90, 2. Herr Gott, Du bist unsere Zuflucht für und für. Ehe denn die Berge worden, und die Erde, und die Welt geschaffen worden, bist Du, Gott, von Ewigkeit zu Ewigkeit.

Eph. 3, 20, 21.

(Ps. 79, 9; 2 Cor. 1 20; 1 Joh. 5, 14, 15.)

B. B. Salomo (2 Chron. 1, 11); Daniel (Dan. 9, 21-23); die Wittwe (Luk. 18, 1-3.)

Gebetsvers. O Gott, dein Gnad uns nicht entzeuch Zu Ehren deinem Namen. Erhalt in uns dein Gnadenreich, Dein Will sei bei uns, Amen. Vergib uns unsre Sünd und Schuld, Verführung von uns wende, Beweis an uns dein Lieb und Huld, Dein Hülf und Trost und dein Geduld; Gieb uns ein selig End!

Das vierte Hauptstück. — Vom Sakrament der heiligen Taufe.

Eingang.

1. Was ist ein Sakrament?

Sakramente sind heilige Handlungen zwischen Gott und dem versöhnten Menschen, darin unter sichtbaren Zeichen unsichtbare Gnadengüter von Gott dargereicht und im Glauben von den Menschen angenommen werden.

2. Was für Sakramente haben wir im neuen Bunde?

Zwei, die heilige Taufe und das heilige Abendmahl.

3. Was lehrt uns der Katechismus von der Taufe?

Viererlei: was die Taufe ist, und was sie nützt; wie das Wasser so große Dinge thun kann, und was das Wassertaufen bedeutet.

4. Wer soll getauft werden?

Alle Menschen, Klein und Groß, die selig werden wollen und die vorher unterrichtet worden oder sich später unterrichten lassen über den Weg zur Seligkeit.

5. Sollen auch kleine Kinder getauft werden?

Ja gewiß, denn die Kinder christlicher Eltern gehören mit zum Bundesvolke Gottes.

Apost. 2, 39. Denn euer und eurer Kinder ist diese Verheißung, und Aller, die ferne sind, welche Gott, unser Herr, herzu rufen wird.

6. Hat denn der Herr Jesus auch kleine Kinder getauft?

Das wohl nicht, denn er taufte überhaupt nicht; aber er hat kleine Kinder zu sich kommen lassen, sie gesegnet, und sie als Mitglieder seines Reiches anerkannt.

Marc. 10, 13, 14. Und sie brachten Kindlein zu ihm, daß er sie anrührete. Die Jünger aber fuhren die an, die sie trugen. Da es aber Jesus sahe, ward er unwillig, und sprach zu ihnen: Lasset die Kindlein zu mir kommen, und wehret ihnen nicht; denn solcher ist das Reich Gottes.

7. Haben die Apostel und ersten Christen diesen Verweis des Herrn auch beachtet?

Ja, denn wir lesen nirgends von einer Ausnahme zu Gunsten erwachsener Personen, hingegen berichtet uns Apost. 16, 15, 33, daß ganze Familien getauft wurden, und die christliche Kirche ist später diesem Beispiele nachgekommen.

8. Was aber überzeugt uns noch weiter, daß kleine Kinder getauft werden sollen?

Auch im alten Bunde bestand auf ausdrücklichem Befehl Gottes (1 Mos. 17, 12) die Kinder=Mitgliedschaft, und wenn im neuen Bunde diese aufgehoben wäre, so würde das gewiß irgendwo zu lesen sein.

9. Auf welche Weise soll man taufen?

Ueber die rechte Art und Weise der Taufe hat uns Gottes Wort nicht belehrt, und wir schließen deshalb, daß es unwesentlich sei, wie viel Wasser dazu gebraucht und wo die Taufe vollzogen werde.

10. Ist nicht aber Jesus auch erst als Mann getauft worden?

Nein, denn seine Taufe durch Johannes am Jordan war eine Weihe zum Predigtamte, und nicht zur Aufnahme in den Bund mit Gott, denn in diesen war er schon als Kind mit aufgenommen worden. (Luk. 2, 21.)

11. Wie hat man damals aber überhaupt getauft?

Der Bedeutung des Wortes „Taufe" gemäß auf

verschiedenerlei Weise — am Wasser, im Tempel, in den Häusern und in den Kirchen.

12. Was schließest du aus dem Allen?

Daß es einerlei sei, wie man getauft werde, daß aber alle Christen getauft sein müssen, und zwar im Namen Gottes des Vaters und des Sohnes und des heiligen Geistes.

Lobspruch. Ich bin getauft auf deinen Namen, Gott Vater, Sohn und heil'ger Geist; Ich bin gezählt zu deinem Samen, Zum Volk, das dir geheiligt heißt; Ich bin in Christum eingesenkt, Ich bin mit seinem Geist beschenkt.

---

1. Was die Taufe ist.

Eph. 5, 25, 26. Christus hat geliebet die Gemeine, und hat sich selbst für sie gegeben. Auf daß er sie heiligte, und hat sie gereinigt durch das Wasserbad im Wort.

Joh. 3, 5, 6. Wahrlich, wahrlich, ich sage dir: Es sei denn, daß Jemand geboren werde aus dem Wasser und Geist, so kann er nicht in das Reich Gottes kommen. Was vom Fleisch geboren wird, das ist Fleisch; und was vom Geist geboren wird, das ist Geist.

Matth. 28, 19. Gehet hin, und lehret alle Völker, und taufet sie im Namen des Vaters, und des Sohnes, und des heiligen Geistes.

(1 Pet. 2. 2; 3, 21; Apost. 10, 47; Röm. 4, 11.)

2. Was die Taufe nützt.

Gal. 3, 26, 27. Ihr seid alle Gottes Kinder, durch den Glauben an Christo Jesu. Wie viele eurer getauft sind, die haben Christum angezogen.

Apost. 2, 38. Thut Buße, und laße sich ein Jeglicher taufen auf den Namen Jesu Christi zur Vergebung der Sünden; so werdet ihr empfangen die Gabe des heiligen Geistes.

(Col. 2, 12, 13; Marc. 16, 16; Apost. 8, 37; Röm. 6, 3, 5, 8; Eph. 5, 25-27; Col. 1, 12-14.)

3. Wie die Taufe Solches thun kann.

Tit. 3, 5-8. Nicht um der Werke willen der Gerechtigkeit, die wir gethan hatten, sondern nach seiner Barmherzigkeit machte er uns selig, durch das Bad der Wiedergeburt und Erneuerung des heiligen Geistes, welchen er ausgegossen hat über uns reichlich durch Jesum Christum, unsern Heiland; auf daß wir durch desselbigen Gnade gerecht, und Erben seien des ewigen Lebens, nach der Hoffnung. Das ist je gewißlich wahr.

4. Was das Wassertaufen bedeutet.

Eph. 4, 23, 24. Erneuert euch aber im Geiste eures Gemüths; und ziehet den neuen Menschen an, der nach Gott geschaffen ist in rechtschaffener Gerechtigkeit und Heiligkeit.

Röm. 6, 6, 12, 13. Wir wissen, daß unser alter Mensch sammt ihm gekreuzigt ist, auf daß der sündliche Leib aufhöre, daß wir hinfort der Sünde nicht dienen. So laßt nun die Sünde nicht herrschen in eurem sterblichen Leibe, ihr Gehorsam zu leisten in seinen Lüsten. Auch begebet nicht der Sünde eure Glieder zu Waffen der Ungerechtigkeit; sondern begebet euch selbst Gott, als die da aus den Todten lebendig sind, und eure Glieder Gott zu Waffen der Gerechtigkeit.

Eph. 2, 5, 6. Da wir todt waren in den Sünden, hat er uns sammt Christo lebendig gemacht (denn aus Gnaden seid ihr selig geworden), und hat uns sammt ihm auferwecket, und sammt ihm in das himmlische Wesen versetzt, in Christo Jesu.

(Röm. 7, 18-24; Gal. 5, 24; Phil. 3, 10-12; Hes. 16, 60; 2 Cor. 4, 16; 1 Pet. 5, 10, 11,; 1 Tim. 6, 12.)

Artikel IX unserer Bekenntnißschrift lautet: Von der Taufe wird gelehrt, daß sie nöthig sei, und daß durch dieselbe Gnade angeboten werde, und daß man auch die Kinder taufen soll, welche durch solche Taufe Gott übergeben und gefällig werden. Darum wird die Lehre der Wiedertäufer verworfen, welche sagen, daß die Kindertaufe nicht recht sei.

Das fünfte Hauptstück.—Vom Sakrament des Altars.

Eingang.

1. Wie heißt das zweite Sakrament des neuen Testaments?

Das Abendmahl des Herrn, oder das Sakrament des Altars.

2. Warum heißt es das Abendmahl des Herrn?

Weil es von unserm Seligmacher am Abend vor seinem bittern Leiden und Sterben eingesetzt wurde, und ein hochheiliges Mahl ist, da uns der Sohn Gottes selbst, als an seinem Tische, wunderbar speiset und tränkt.

3. Warum heißt es das Sakrament des Altars?

Weil es von Alters her nach löblicher Ordnung und Sitte der Christenheit in der Kirche am Altare gefeiert wird.

4. Was lehrt uns der Katechismus vom heiligen Abendmahl?

Viererlei: was es ist, und was es nützt; wie Essen und Trinken so große Dinge thun kann, und wer das Sakrament würdig empfängt.

5. Was lehrt unsere Kirche vom Abendmahl?

Unter dem gesegneten Brod und Wein giöt der Herr Jesus seinen verklärten Leib und Blut jedem Communicanten zu genießen.

Artikel X. der Augsb. Confession lautet: Vom heiligen Abendmahl des Herrn wird also gelehret, daß wahrer Leib und Blut Christi wahrhaftiglich unter der Gestalt des Brods und Weins im Abendmahl gegenwärtig sei, und da ausgetheilet und genommen wird. Derhalben wird auch die Gegenlehre verworfen.

6. Was geht einer rechten Abendmahlsfeier voraus?

Die Beichte, in der ich meine Sünden bekenne und vom Pastor die Absolution empfange.

7. Wie oft soll man zum heiligen Abendmahl gehen?

Es ist darüber kein Gesetz, aber gläubige Christen machen sich's zur Regel, wenigstens zweimal im Jahre das heilige Abendmahl in der Kirche zu genießen.

8. Wer soll zum Abendmahl gehen?

Nur gläubige und bußfertige Christen, die sich vorher ernstlich prüfen und den Tod des Herrn Jesu aufrichtig bekennen wollen.

9. Dürfen auch Kinder oder Weltmenschen zum heiligen Abendmahl gehen?

Nur getaufte und confirmirte Personen, oder solche, welche wirklich zur Kirche Christi gehören, dürfen zum heiligen Abendmahl zugelassen werden.

10. Was soll man thun, wenn man krank ist und das Bedürfniß nach Glaubensstärkung im Herzen fühlt?

Alsdann soll man seinen Pastor rufen lassen, aber nicht erst wenn der Tod vorhanden ist, sondern zeitig, ehe die Kräfte des Leibes und des Geistes gar verschwinden.

11. Ist es recht, die Kranken=Communion für ein leibliches Heilmittel zu halten?

Nein; aber Friede und Freude in der Seele, Hoffnung zu Gott und ewiges Leben sind auch dem kranken Leibe allezeit heilsam und niemals schädlich.

1. Was das heil. Abendmahl ist.

1 Cor. 10, 16. 17. Der gesegnete Kelch, welchen wir segen, ist der nicht die Gemeinschaft des Blutes Christi? Das

Brod, das wir brechen, ist das nicht die Gemeinschaft des Leibes Christi? Denn Ein Brod ist es, so sind wir viele Ein Leib; dieweil wir alle Eines Brodes theilhaftig sind.

1 Cor. 11, 26. So oft ihr von diesem Brod esset, und von diesem Kelch trinket, sollt ihr des Herrn Tod verkündigen, bis daß er kommt.

(Matth. 26, 26-28; Marc. 14, 22-24; Luk. 22, 14-20; 1 Cor. 11, 23-26; Gal. 3, 15.)

2. Was das heil. Abendmahl nützt.

Eph. 1, 7. An welchem wir haben die Erlösung durch sein Blut, nämlich die Vergebung der Sünden, nach dem Reichthum seiner Gnade.

Röm. 6, 22. Nun ihr seid von der Sünde frei, und Gottes Knechte geworden, habt ihr eure Frucht, daß ihr heilig werdet, das Ende aber das ewige Leben.

3. Wie Essen und Trinken so große Dinge thun kann.

Matth. 11, 28-30. Kommet her zu mir alle, die ihr mühselig und beladen seid, Ich will euch erquicken. Nehmet auf euch mein Joch, und lernet von mir; denn ich bin sanftmüthig und von Herzen demüthig: so werdet ihr Ruhe finden für eure Seelen. Denn mein Joch ist sanft, und meine Last ist leicht.

4. Wer das Sakrament würdig empfängt.

1 Cor. 11, 27. 29. Welcher nun unwürdig von diesem Brod isset, oder von dem Kelch des Herrn trinket, der ist schuldig an dem Leibe und Blute des Herrn. Denn welcher unwürdig isset und trinket, der isset und trinket ihm selber das Gericht, damit, daß er nicht unterscheidet den Leib des Herrn.

Matth. 5, 23. 24. Wenn du deine Gabe auf dem Altar opferst, und wirst allda eingedenk, daß dein Bruder etwas wider dich habe; so laß allda vor dem Altar deine Gabe, und gehe zuvor hin und versöhne dich mit deinem Bruder; und alsdann komm, und opfere deine Gabe.

Hebr. 10, 19-22. So wir denn nun haben, lieben Brüder, die Freudigkeit zum Eingang in das Heilige durch das Blut Jesu, welchen er uns zubereitet hat zum neuen und lebendigen Wege, durch den Vorhang, das ist, durch sein Fleisch; und haben einen Hohenpriester über das Haus Gottes: So lasset uns hinzu gehen mit wahrhaftigem Herzen, in völligem Glauben, besprenget in unsern Herzen, und los von dem bösen Gewissen, und gewaschen am Leibe mit reinem Wasser.

(Eph. 4, 22. 23; Gal. 5, 24; Röm. 7, 24; 2 Cor. 7, 11; Jes. 66, 2; Phil. 3, 12; 2 Pet. 1, 4; Jes. 55, 3; Pred. 5, 3; 1 Pet. 5, 10. 11.)

Dankgebet. O, lieber Heiland, habe Dank Für deine Gnadengaben; Für deine Speise, deinen Trank, Die mich erquicket haben! Mit Himmelsgütern wirst du mich, O Lebensfürst, einst ewiglich In deinem Reiche laben.

Anhang.—Die Confirmation.

1. Was berechtigt uns zum Genuß der heiligen Sakramente?

Die Mitgliedschaft in der christlichen Kirche berechtigt zu allen Privilegien derselben.

1 Pet. 1, 23. Als die da wiedergeboren sind, nicht aus vergänglichem, sondern aus unvergänglichem Samen, nämlich aus dem lebendigen Wort Gottes, das da ewiglich bleibet.

2. Was ist denn die christliche Kirche?

Die christliche Kirche ist die Gemeine der Heiligen; oder, das Volk, welches Gottes Wort und Sakrament hat.

Ps. 93, 5. Dein Wort ist eine rechte Lehre. Heiligkeit ist die Zierde deines Hauses ewiglich.

3. Wie werden wir aufgenommen in die Kirche?

Durch die christliche Taufe und Bestätigung des Taufbundes.

4. Sind nicht alle Getauften auch schon Glieder der Kirche?

Ja, wenn sie dem Taufbunde treu bleiben und sich zum Volke Gottes halten, so gehören sie mit zur Jüngerschaft Jesu Christi.

Joh. 10. 27. 28. Meine Schafe hören meine Stimme, und ich kenne sie, und sie folgen mir; Und ich gebe ihnen das ewige Leben; und sie werden nimmermehr umkommen, und Niemand wird sie mir aus meiner Hand reißen.

5. Was aber findet leider bei uns Allen statt?

Wir brechen unsern Taufbund, lassen unser Herz verfinstern durch die Sünde und werden Fremdlinge vom Reiche Gottes.

Pj. 25, 7. Gedenke nicht der Sünden meiner Jugend, und meiner Uebertretung; Gedenke aber meiner nach deiner Barmherzigkeit, um deiner Güte willen!

6. Was ist in diesem kläglichen Zustande nöthig?

Daß wir uns über unser Seelenheil unterrichten lassen, unsern Glauben öffentlich bekennen, und unsern Taufbund erneuern und bestätigen.

Spr. 23, 26. Gib mir, mein Sohn, dein Herz und laß deinen Augen meine Wege wohlgefallen.

Hes. 16, 60. Ich will gedenken an meinen Bund, den ich mit dir gemacht habe.

7. Wann geschieht solche Erneuerung des Taufbundes?

Wenn der Schüler eine hinreichende Erkenntniß des Heils in Christo besitzt und bußgläubig bereit ist, sich auf die Bedingungen der Jüngerschaft zu verpflichten.

Joh. 8. 31, 32. So ihr bleiben werdet an meiner Rede, so seid ihr meine rechten Jünger; Und werdet die Wahrheit erkennen, und die Wahrheit wird euch frei machen.

8. Was gehört demnach zu einer rechten Confirmation?

Der gründliche Confirmanden=Unterricht, das öffentliche Bekenntniß eines gläubiggewordenen Herzens und die Einsegnung unter Handauflegung seitens des Pastors.

Joh. 17, 17. Heilige sie in deiner Wahrheit, dein Wort ist die Wahrheit.

9. Wie wird diese feierliche Handlung bestätigt?

Durch die auf die Confirmation folgende Abendmahlsfeier, in welcher der Herr mit seinen Jüngern in Gemeinschaft tritt.

Jes. 54, 10. Denn es sollen wohl Berge weichen, und Hügel hinfallen, aber meine Gnade soll nicht von dir weichen, und der Bund meines Friedens soll nicht hinfallen, spricht der Herr, dein Erbarmer.

10. Was haben die Confirmirten nach ihrer Confirmation zu thun?

Sie müssen oft zum heiligen Abendmahle kommen, regelmäßig die Gottesdienste und Erbauungsstunden besuchen, zum Unterhalt des Predigers und anderer kirchlichen Arbeiter ihr Theil beisteuern, und ihr Leben im Lichte des Wortes Gottes führen.

Phil. 3, 12. Nicht, daß ich es schon ergriffen habe, oder schon vollkommen sei; ich jage ihm aber nach, ob ich es auch ergreifen möchte, nachdem ich von Christo Jesu ergriffen bin.

Laß mich, o treuer Gott, Dein liebes Schäflein bleiben, Laß mich von deiner Heerd Ja nimmermehr vertreiben: Gib mir zu aller Zeit Das werthe Lebenswort, Das meine Seel erquickt Und bringt zur Himmelspfort.

Gib, daß mein Herz und Sinn Von dir nicht möge wanken, Erhalte mich allein In deines Wortes Schranken, Verleihe mir im Kreuz Und Tod Beständigkeit, Daß ich dich loben mag In alle Ewigkeit.

Abschnitt 2.—Schrift und Bekenntniß.

1. Die heilige Schrift.

1. Was sie ist.

1. Aus welchem Buche haben wir die Belegstellen und Beispiele für unsere Catechismuslehre genommen?

Aus der Bibel, dem Buche aller Bücher.

2 Pet. 1, 19. Wir haben ein festes prophetisches Wort; und ihr thut wohl, daß ihr darauf achtet, als auf ein Licht, das da scheinet in einem dunkeln Ort, bis der Tag anbreche und der Morgenstern aufgehe in euren Herzen.

2. Wie nennt man dieses Buch auch sonst noch?

Die Bibel wird auch „Heilige Schrift," „Gottes Wort," „Buch des Gesetzes," „Weissagung," „Bundesbuch" und „Altes und Neues Testament" genannt.

3. Warum aber nennt man dieses Buch besonders „die Bibel"?

Weil das Wort „Bibel" so viel bedeutet als „Buch", und eben dieses Buch das älteste, das bedeutungsvollste und das beste von allen Büchern ist.

4. Inwiefern ist die Bibel so besonders werthvoll?

Weil sie uns den Weg zum ewigen Leben offenbart.

Joh. 5, 39. Suchet in der Schrift, denn ihr meinet, ihr habt das ewige Leben darinnen; und sie ist's, die von mir zeuget.

5. Wann ist die Bibel geschrieben worden?

In dem Zeitraume von fünfzehnhundert Jahren vor, und einhundert Jahren nach Christi Geburt.

Hebr. 1, 1. 2. Nachdem vor Zeiten Gott manchmal und mancherlei Weise geredet hat zu den Vätern durch die Propheten: Hat er am letzten in diesen Tagen zu uns geredet durch den Sohn, welchen er gesetzet hat zum Erben über Alles, durch welchen er auch die Welt gemacht hat.

6. Wer hat sie geschrieben?

Achtunddreißig verschiedene Personen, welche unter dem besonderen Beistande des heiligen Geistes standen.

2 Pet. 1, 21. Es ist noch nie eine Weissagung aus menschlichem Willen hervorgebracht; sondern die heiligen Menschen Gottes haben geredet, getrieben von dem heiligen Geist.

7. In welcher Sprache redet Gott zu den Menschen auf Erden?

Die biblischen Bücher wurden in denjenigen Sprachen geschrieben, welche den Menschen, zu welchen Gott redete, bekannt waren, sind hernach aber aus den hebräischen und griechischen Ursprachen in mehr als 200 der jetzt bekannten Sprachen übersetzt worden.

Ps. 19, 1. 4. Die Himmel erzählen die Ehre Gottes, und die Veste verkündiget seiner Hände Werk. Ein Tag sagt es dem andern, und eine Nacht thut es kund der andern. Es ist keine Sprache noch Rede, da man nicht ihre Stimme höre.

8. Wie werden die biblischen Bücher eingetheilt?

a) Der Zeit nach, in Altes und Neues Testament;

b) Dem Inhalte nach, in Geschichtsbücher, Lehrbücher und prophetische Bücher.

9. Welches sind diese?

a) Die Geschichtsbücher des alten Testaments sind: Die fünf Bücher Mosis, das Buch Josua, das Buch der Richter, das Buch Ruth, zwei Bücher Samuel's, zwei Bücher der Könige, zwei Bücher der Chronika, das Buch Esra, das Buch Nehemia, das Buch Esther.

Die des N. T.: Die vier Evangelien von Matthäus,

Markus, Lukas und Johannes, und die Apostelgeschichte geschrieben von Lukas.

b) Die Lehrbücher des A. T. sind: Das Buch Hiob, die Psalmen David's, die Sprüche Salomo's, der Prediger Salomo's und das hohe Lied Salomo's.

Die des N. T. sind: Der Brief Pauli an die Römer, zwei Briefe an die Corinther, der Brief an die Galater, Epheser, Philipper, Colosser, zwei an die Thessalonicher, zwei an Timotheum, die Briefe an Titum und Philemon, zwei Briefe Petri, drei Briefe Johannis, der Brief an die Hebräer, der Brief Jakobi, der Brief Judä.

c) Die prophetischen Bücher des A. T. sind: Die Propheten Jesaias, Jeremias, Klagelieder Jeremiä, Hesekiel, Daniel, Hosea, Joel, Amos, Obadja, Jona, Micha, Nahum, Habakuk, Zephanja, Haggai, Sacharja, Maleachi.

Die des N. T.: Die Offenbarung Johannis.

Zum Nachlesen: Matth. 1, 1—17; Luk. 3, 23-38; Ps. 78, 1-8; Ps. 136; Ap. Gesch. 7, 1-53.

Gebetsvers: Wort aus Gottes Munde, Wort vom Friedensbunde, Evangelium! Brunnquell ew'ger Freuden, Trost in allen Leiden, Unser höchster Ruhm! Gotteskraft, die Glauben schafft, Süße Botschaft, uns zum Leben Von Gott selbst gegeben!

2. Woraus sie besteht.

10. Woraus besteht die Bibel?

Die Bibel besteht aus zwei Haupttheilen, das Alte Testament mit 39 und das Neue, mit 27 Schriften.

Joh. 1, 17. Denn das Gesetz ist durch Mosen gegeben; die Gnade und Wahrheit ist durch Jesum Christum geworden.

11. Wie heißen die biblischen Bücher im Alten Testamente?

Fünf Bücher Mose, das Buch Josua, Richter, Ruth,

zwei Samuel's, zwei der Könige, zwei der Chronika, Ezra, Nehemia, Esther, Hiob, Psalter, Sprüche, Prediger, Hohelied.

Die Propheten Jesaia, Jeremia, Klagelieder Jeremiä, Hesekiel, Daniel, Hosea, Joel, Amos, Obadja, Jona, Micha, Nahum, Habakuk, Zephanja, Haggai, Sacharja, Maleachi.

12. Welches sind die des Neuen Testamentes?

Die vier Evangelien geschrieben von Matthäus, Markus, Lukas und Johannes; Apostelgeschichte von Lukas; die Epistel Pauli an die Römer, zwei an die Corinther, eine an die Galater, Epheser, Philipper und Colosser, zwei an die Thessalonicher, zwei an Timotheum, eine an Titum, an Philemon, zwei Epistel Petri, drei Epistel Johannis, die Epistel Pauli an die Hebräer, die Epistel Jakobi, die Epistel Judä, die Offenbarung Johannis.

13. Wie nennt man diese Bücher, im Unterschiede von solchen, die nicht von Gott eingegeben sind?

Man nennt die hier aufgeführten Schriften den biblischen Kanon.

14. Warum sind nur diese Bücher kanonisch?

Weil nur diese allgemein anerkannt und bestätigt worden sind, als solche, die die unfehlbare Richtschnur unsers Glaubens und Lebens enthalten.

15. Gibt es nicht aber auch noch andere Bücher in manchen Bibelausgaben?

Ja, viele Bibelausgaben enthalten auch noch die sogenannten Apokryphischen Bücher.

16. Was sind das für Bücher?

Laut ihrer Ueberschrift, in der Lutherischen Ueber=

ſetzung, ſind es Bücher, ſo der heiligen Schrift nicht gleich gehalten, und doch nützlich und gut zu leſen ſind.

17. Wie heißen die Appokryphiſchen Bücher?

Das Buch Judith, die Weisheit Salomonis, das Buch Tobiä, das Buch Sirach, das Buch Baruch, zwei Bücher der Maccabäer, Stücke in Eſther, Hiſtorie von der Suſanna und Daniel, Vom Vel zu Babel, Vom Drachen zu Babel, das Gebet Aſariä, der Geſang der drei Männer im Feuer, das Gebet Manaſſe.

18. Warum gehören dieſe Bücher nicht zum göttlichen Kanon?

Weil ſie nicht von Gott eingegeben, ſondern von Menſchen aus eigenem Antriebe geſchrieben wurden.

19. Wann wurden dieſe Bücher geſchrieben?

In den 400 Jahren vor Chriſto, da der bibliſche Kanon des Alten Teſtaments ſchon geſchloſſen war.

20. Wie ſind aber die einzelnen Schriften zu einem Bibelbuche ver= einigt worden?

Die des Alten Teſtaments wurden von Eſra und Andern etwa 400 Jahre vor Chriſto geſammelt und beſtätigt; die des Neuen erkannte man ſchon in den Tagen der Apoſtel als das untrügliche Wort Gottes und die heilige Schrift an.

2 Tim. 3, 15. Und weil du von Kind auf die heilige Schrift weißt, kann dich dieſelbige unterweiſen zur Seligkeit, durch den Glauben an Chriſto Jeſu.

B. B. Zu den Widerſprüchen der Apokryphen: Röm. 3, 24 iſt gegen Sirach 3, 4, 33; Matth. 16, 26 gegen Tobias 4, 11; Spr. 24, 8 gegen 2 Mak. 14, 37–46; 1 Petri 5, 8. 9 gegen Tob. 6, 9. 20. Zu den kanoniſchen Büchern: 2 Kön. 22, 23, vergl. 1 Kön. 13; Joh. 14, 16; Pſ. 119, 38–44.

3. Welches Ansehen sie genießt.

21. Wer hat das, was in der Bibel steht, geredet?

Gott der Herr, der die Welt und Alles was darinnen ist, gemacht hat, nach seinem Willen und Wohlgefallen.

Röm. 1, 19. 20. Daß man weiß, daß Gott sei, ist ihnen offenbar; denn Gott hat es ihnen geoffenbaret, damit, daß Gottes unsichtbares Wesen, das ist, seine ewige Kraft und Gottheit, wird ersehen, so man deß wahrnimmt an den Werken, nämlich an der Schöpfung der Welt; also, daß sie keine Entschuldigung haben.

22. Wer hat die göttlichen Offenbarungen niedergeschrieben?

Propheten, Evangelisten und Apostel, welche Gott mit besondern Geistesgaben ausgerüstet hatte.

Matth. 10, 20. Ihr seid es nicht, die da reden; sondern eures Vaters Geist ist es, der durch euch redet.

23. Wofür haben wir die Schriften Alten und Neuen Testaments anzusehen?

Die ganze Bibel ist Gottes Wort, unsere unfehlbare Regel und Richtschnur des Glaubens und des Lebens.

Ps. 119, 105. Dein Wort ist meines Fußes Leuchte, und ein Licht auf meinem Wege.

24. Woraus erkennen wir, daß die Bibel Gottes Wort ist?

Daß die Bibel Gottes Wort ist, erkennen wir

Erstens: Aus dem Zeugniß ihrer Verfasser, welche glaubwürdige Männer waren und sich um ihrer Ueberzeugung willen meistens Verfolgung aussetzten.

1 Thess. 2, 13. Darum auch wir ohne Unterlaß Gott danken, daß ihr, da ihr empfinget von uns das Wort göttlicher Predigt, es aufnahmet, nicht als Menschenwort, sondern (wie es denn wahrhaftig ist) als Gottes Wort; welcher auch wirket in euch, die ihr glaubet.

Zweitens: Aus dem Inhalt; denn sie offenbart Dinge, welche die Menschen nicht aus eigener Weisheit hätten erforschen können.

1 Cor. 2, 13. Wir reden nicht mit Worten, welche menschliche Weisheit lehren kann, sondern mit Worten, die der heilige Geist lehret.

Drittens: Aus den erfüllten Weissagungen und Wunderthaten, worüber die heilige Schrift berichtet.

Heb. 2, 4. Gott hat ihr Zeugniß gegeben mit Zeichen, Wundern und mancherlei Kräften und mit Austheilung des heiligen Geistes nach seinem Willen.

Viertens: Aus ihrer herrlichen Wirkung auf die Herzen der Menschen.

Heb. 4, 12. Denn das Wort Gottes ist lebendig und kräftig und schärfer denn kein zweischneidig Schwert, und durchdringet, bis daß es scheidet Seele und Geist, auch Mark und Bein, und ist ein Richter der Gedanken und Sinne des Herzens.

Fünftens: Aus ihrer wunderbaren Erhaltung in der Welt, trotz Verfolgung und mancherlei Gefahren.

Matth. 5, 18. Denn ich sage euch wahrlich: Bis daß Himmel und Erde zergehe, wird nicht zergehen der kleinste Buchstabe, noch Ein Tüttel vom Gesetz, bis daß es Alles geschehe.

B. V. Christus sollte kommen aus Abraham's Geschlecht, 1 Mos. 22, 18; Juda's Stamm, 1 Mos. 49, 10; David's Familie, 2 Sam. 7, 16; und zwar aus Bethlehem, Micha 5, 1; sollte leiden und sterben, Jes. 53, 9–12; darnach aber siegen, Jes. 53, 12; Röm. 1, 16; Ap. Gesch. 9; 1 Cor. 6, 11; Ap. Ges. 10, 44; Hebr. 2, 1–4; 2 Pet. 1, 16-21.

Lobspruch: Du heilges Bibelbuch, Aus dem wir alles wissen, So Segen oder Fluch, Und wie wir wandeln müssen; Schreib jedes Wort von dir In meiner Seele an, Daß auch mein Herze mir Zum Himmel werden kann.

4. Wie die Bibel zu gebrauchen ist.

25. Welchen Gebrauch haben wir von der heiligen Schrift zu machen?

Wir müssen täglich in der heiligen Schrift lesen, mit Glauben, mit Andacht und mit dem Gebet: Herr öffne mir die Augen! Neige mein Herz zu deinen Zeugnissen!

Jos. 1, 8. Laß das Buch dieses Gesetzes nicht von deinem Munde kommen, sondern betrachte es Tag und Nacht, auf daß du haltest und thust alle rdinge nach dem, das darinnen geschrieben stehet.

26. Welchen Gebrauch hat die Kirche von der heiligen Schrift zu machen?

Die Kirche muß Gottes Wort in Ehren halten; dasselbe bei allen ihren Versammlungen und Gottesdiensten vorlesen, alle ihre Glieder, Groß und Klein, damit bekannt machen, und es unverfälscht erhalten.

2 Tim. 4, 2. Predige das Wort, halte an, es sei zu rechter Zeit, oder zur Unzeit: strafe, drohe, ermahne mit aller Geduld und Lehre.

27. Was haben die Kirchenleute dabei für Pflichten?

Die Kirchenleute müssen die Gottesdienste und Unterrichtsstunden fleißig besuchen; bei denselben aufmerksam zuhören, und dann zu Hause über das gehörte Gotteswort nachdenken.

Joh. 7, 16. 17. Jesus sprach: Meine Lehre ist nicht mein, sondern deß, der mich gesandt hat. So Jemand will deß Willen thun, der wird inne werden, ob diese Lehre von Gott sei, oder ob Ich von mir selbst rede.

28. Was gehört zum rechten Verständniß des Wortes Gottes?

Zu einem rechten Verständniß des Wortes Gottes gehört unsrerseits aufmerksames Lernen und gläubiges Beten; von Gottes Seite aber die gnadenreiche Führung des heil. Geistes.

1 Cor. 2, 14. Der natürliche Mensch aber vernimmt nichts vom Geiste Gottes: es ist ihm eine Thorheit, und kann es nicht erkennen; denn es muß geistlich gerichtet sein.

29. Kann das Wort Gottes allen Menschen zum Segen werden?

Ja, wer Gottes Wort gerne hört und lernt, den wird der heilige Geist zur Erkenntniß der Wahrheit führen.

Sprüche 2, 1-6. Mein Kind, willst du meine Rede annehmen, und meine Gebote bei dir behalten; so laß dein Ohr auf Weisheit Acht haben, und neige dein Herz mit Fleiß dazu. Denn so du mit Fleiß darnach rufest, und darum betest; so du sie suchest, wie Silber, und forschest sie, wie die Schätze: alsdann wirst du die Furcht des Herrn vernehmen, und Gottes Erkenntniß finden. Denn der Herr gibt Weisheit, und aus seinem Munde kommt Erkenntniß und Verstand.

30. Was sollte dich denn bewegen, das Wort Gottes recht fleißig zu lernen?

Erstens: Es ist das Wort meines himmlischen Vaters, der mir wichtige Dinge mitzutheilen hat. 1 Sam. 3, 9.

Zweitens: Ohne Gottes Wort wäre ich ein Heide und hätte nichts Gewisses über mich selbst, noch über meine Zukunft. Jes. 40, 12.

Drittens: Gottes Wort spornt mich an zu einem Leben der Heiligung. Heb. 4, 12.

Viertens: Gottes Wort macht mich fröhlich in meinem Berufsleben und macht mich weise zur Seligkeit. Ps. 19, 8.

31. Was für biblische Beispiele weißt du hierzu anzuführen?

Apost. 3, 26-39. Der Kämmerer. Er hatte a) angebetet (27), wählt einen einsamen Weg (26), liest

b) mit Nachdenken (34), c) fühlt sein Unvermögen (31), d) wendet das Wort auf sich an (36), e) glaubte dem Herrn (37), also früher auch der Schrift (32), und gehorcht ihr (38) — Aehnlich dem Kämmerer war rücksichtlich a) Cornelius (Apost. 10, 31–33), b) Maria (Luk. 2, 19), c) Thessalonich (1 Thes. 2, 13), d) Nathan (2 Sam. 12, 7), e) Paulus (Apost. 20, 35). — Anders aber: Jojakim (Jer. 26, 23) und der Baumeister (Matth. 7, 26). Zu Fr. 27: Die Beröer (Apost. 17, 10–12). Zu 28: Josias (2 Kön. 22). Zu 29: Luk. 16, 27–31. Zu 30: Samuel (1 Sam. 3, 9).

Lobspruch: Heilige Bibel, himmlisch rein, Höchster Reichthum, du bist mein! Du erschließest meinem Sinn Wer, woher, und was ich bin. Du zeigst meinen Irrthum mir, Lehrst mich Jesu Liebe hier; Du bist meines Fußes Leucht, Führer, der nach oben zeigt.

2. Das Kirchenbekenntniß.

Zu welcher Kirche wir gehören und was wir für ein Bekenntniß führen.

1. Verschiedenerlei Kirchen.

1. Was ist ein Kirchenbekenntniß?

Ein Kirchenbekenntniß ist eine öffentliche Schrift, worin die betreffende Kirchengemeinschaft bekennt, was sie glaubt und lehrt.

1 Pet. 3, 4. Seid aber allezeit bereit zur Verantwortung Jedermann, der Grund fordert der Hoffnung, die in euch ist.

2. Hast du nicht aber schon geantwortet: Gottes Wort ist die alleinige Regel und Richtschnur unsers Glaubens und Lebens?

Ja, Gottes Wort ist die Quelle aller Lehre, die allein unfehlbare Regel und Richtschnur unsers Glaubens und Lebens, aber Manches darin wird sehr verschiedenartig aufgefaßt und ausgelegt von den verschiedenen Kirchengemeinschaften.

3. Gibt es denn viele Christliche Kirchen?

Es ist nur Eine heilige christliche Kirche, erbauet auf den Grund der Apostel und Propheten, da Jesus Christus der Eckstein ist, aber es gibt viele Kirchengemeinschaften oder Benennungen, deren jede ihr eigen Kirchenbekenntniß hat.

Joh. 17, 20. 21. Ich bitte aber nicht allein für sie, sondern auch für die, so durch ihr Wort an mich glauben werden, auf daß sie alle eins seien, gleichwie du, Vater, in mir und Ich in dir.

4. Welches sind denn die Hauptabtheilungen der christlichen Kirche?

Schon früh spaltete sich die christliche Kirche in „Morgen=" und „Abendland," oder „griechisch=katholisch" und „römisch=katholisch," und durch die Reformation des sechszehnten Jahrhunderts entstand die protestantische Kirche.

1 Cor. 3, 11. Einen andern Grund kann Niemand legen, außer dem, der gelegt ist, welcher ist Jesus Christus.

5. Gibt es nicht aber noch andere Abtheilungen der christlichen Kirche?

Ja, es sind später verschiedene Kirchengemeinschaften, Denominationen oder Sekten aufgekommen, welche vielfach nach dem Namen ihrer Stifter, oder nach einer bestimmten Charakteristik genannt werden.

Eph. 4, 3-6. Und seid fleißig, zu halten die Einigkeit im Geist, durch das Band des Friedens. Ein Leib und Ein Geist, wie ihr auch berufen seid auf einerlei Hoffnung eures Berufs. Ein Herr, Ein Glaube, Eine Taufe, Ein Gott und Vater (unser) aller, der da ist über euch alle, und durch euch alle, und in euch allen.

6. Zu welcher der drei großen Abtheilungen bekennen wir uns?

Wir bekennen uns durch Gottes Gnade zu demjenigen Theile der allgemeinen Kirche, welchen man seit dem Jahre 1529 "protestantisch" genannt hat, welches aber nichts anders als eine erneute Gestalt der ursprünglichen christlichen Kirche ist.

1 Pet. 2, 9. Ihr seid das auserwählte Geschlecht, das königliche Priesterthum, das heilige Volk, das Volk des Eigenthums, daß ihr verkündigen sollt die Tugenden deß, der euch berufen hat von der Finsterniß, zu seinem wunderbaren Licht.

7. Wie können wir das wissen, daß die protestantische die wahre Kirche Jesu Christi ist?

In den protestantischen Kirchen, später genannt "evangelisch-lutherisch," wird Gottes Wort lauter und rein verkündigt und werden die Sakramente nach göttlicher Anordnung verwaltet.

Eph. 2, 19-22. So seid ihr nun Bürger mit den Heiligen und Gottes Hausgenossen, erbauet auf den Grund der Apostel und Propheten, da Jesus Christus der Eckstein ist, auf welchem der ganze Bau in einander gefügt, wächst zu einem heiligen Tempel in dem Herrn, auf welchem auch ihr mit erbauet werdet, zu einer Behausung Gottes im Geist.

8. Welcher sonderlichen Kirchengemeinschaft gehören wir an?

Wir gehören der sogenannten "evangelisch-lutherischen" Kirche an, welche eine vollendete Gestalt der protestantischen Reformation und darum auch die ursprüngliche christliche Kirche ist.

Off. 14, 6. Und ich sahe einen Engel fliegen mitten durch den Himmel, der hatte ein ewig Evangelium, zu verkündigen denen, die auf Erden sitzen und wohnen, und allen Heiden und Geschlechtern, und Sprachen und Völkern.

2. Die Lutherische Kirche.

9. Wodurch unterscheidet sich die lutherische Kirche von den später aufgekommenen Kirchengemeinschaften?

Durch ihre Geschichte, ihren Namen und ihr Bekenntniß, zeichnet sich die lutherische Kirche vor allen andern rühmlich aus.

2 Tim. 2, 19. Aber der feste Grund Gottes bestehet, und hat dieses Siegel: „Der Herr kennet die Seinen."

10. Wie lange besteht die lutherische Kirche schon?

Die ev. luth. Kirche besteht seit dem 25ten Juni 1530, was die Ablegung ihres Bekenntnisses und die öffentliche Anerkennung ihres Sonderbestandes betrifft.

11. Was geschah an jenem Tage?

Am 25. Juni 1530 wurde zu Augsburg in Deutschland ein Kirchenbekenntniß abgelegt, welches zur Reinigung der Kirchenlehre und zur Neugestaltung des Kirchenlebens führte.

1 Tim. 3, 15. Daß du wissest, wie du wandeln sollst in dem Hause Gottes, welches ist die Gemeinde des lebendigen Gottes, ein Pfeiler und Grundveste der Wahrheit.

12. Wie nennt man dieses Bekenntniß?

Man nennt das zu Augsburg abgelegte Bekenntniß wohl die Augustana, gewöhnlich aber die Augsburgische Confession.

13. Wer hat die Augsburgische Confession verfaßt?

Philipp Melanchthon, unter der Anleitung und Belehrung Dr. Martin Luther's.

14. Wer war Philipp Melanchthon?

Philipp Melanchthon war ein frommer und gelehrter Professor in Wittenberg, der Hauptmitarbeiter der Reformation und ein treuer Freund Dr. Martin Luther's.

15. Wer war Dr. M. Luther, daß wir seinen Namen so oft nennen?

Martin Luther war eines Bergmann's Sohn, geboren zu Eisleben am 10. November 1483, ward Lehrer der heiligen Schrift zu Wittenberg im Jahre 1507, fing das Werk der Reformation an mit seinen Predigten, besonders aber mit seinen 95 Sätzen gegen den römischen Ablaß, am 31. Okt. 1517, und starb am 18. Februar 1546, im seligen Glauben an den Herrn Jesum Christum.

16. Hat Luther eine neue Kirche gegründet?

Nein, Luther war und blieb ein katholischer Christ, d. h. ein Mitglied der allgemeinen christlichen Kirche, und seine rechten Anhänger sind ebenfalls ein Theil der allgemeinen christlichen Kirche.

17. Wie kommt es aber, daß wir von einer „Lutherischen Kirche" reden?

Die Anhänger Luther's und seiner Partei wurden zuerst „Protestanten" genannt, weil sie (zu Speier 1529) gegen die Uebergriffe des Papstes protestirten, ihre Feinde aber nannten sie später „Lutherisch," als solche, die es mit Luther hielten.

18. Wie haben die Anhänger Luther's sich selbst genannt?

Sie wollten keine neue Kirche gründen, auch keinen neuen Namen haben, nannten sich aber „Evangelische," als solche, die an das Evangelium von Jesu Christo glaubten und dasselbe im Gegensatze zu den römischen Irrlehren verkündigten.

19. Sind wir denn mit Unrecht zu dem Namen „Evangelisch-Lutherisch" gekommen?

Luther wollte es allerdings nicht haben, daß seine Anhänger sich nach seinem Namen nenneten, da man sie aber zum Spott „lutherisch" genannt hatte, und sie auch sonst mit Andern, welche sich zwar „Evangelisch" nannten, aber eine ganz andere Lehre führten, verwech=

selt wurden, so ließen sich die Anhänger Luther's den Namen „Evangelisch=Lutherisch" gerne gefallen.

Heb. 13, 17. Gedenket an eure Lehrer, die euch das Wort Gottes gesagt haben, welcher Ende schauet an, und folget ihrem Glauben nach.

20. Wie sollen wir uns gegen unsere Kirche verhalten?

Wir sollen zu ihr stehen mit Gut und Blut, ihr Ehre machen mit unserm Wandel, und ihr rechtes Bekenntniß als ein heiliges, theures Erbe der Väter ansehen, wie für uns, so für unsere Kinder.

21. Wie sollen wir gegen Andersgläubige uns verhalten?

Wir sollen Anderen dieselbe Glaubensfreiheit gönnen, welche wir für uns selbst beanspruchen; sollen das, was wir mit ihnen gemein haben, besonders betonen, aber das, was uns von ihnen trennt, auch niemals gering schätzen.

Gebetsvers: Gott woll uns diese Lehr', Die vor der Zeit die Alten zu Augsburg frei bekannt Noch viele Jahr erhalten; Doch richt er auch das Herz Und Leben also ein Damit wir ihm zum Preis Der Wahrheit Kinder sein.

3. Das Lutherische Bekenntniß.

22. Warum sollten wir uns zur evangelisch=lutherischen Kirche halten?

Weil sie unsere Mutterkirche ist, das Evangelium rein verkündigt und die Sakramente laut Christi Einsetzung darreicht.

23. Wie gibt sich die lutherische Kirche zu erkennen?

Durch ihr Bekenntniß und ihre Geschichte.

24. Welches ist ihre Hauptbekenntnißschrift?

Die Augsburgische Confession vom Jahre 1530.

25. Woraus besteht diese?

Die Augsburgische Confession besteht aus 28 Arti=

keln, wovon 21 über Lehre und 7 über römische Miß=
bräuche handeln.

26. Wie kam die Kirche dazu, dieses Bekenntniß abzulegen?

Diejenigen, welche durch Luther's Predigten und
Schriften zur Erkenntniß der rechten Lehre gekommen
waren, sammelten sich zu einer Kirche und mußten den
römisch=katholischen Irrlehren gegenüber öffentlich be=
kennen, was sie glaubten.

27. Welches ist wohl der Hauptartikel dieses Bekenntnisses?

Der Hauptartikel des lutherischen Bekenntnisses ist
wohl der vierte, in welchem gesagt wird: Daß wir
Vergebung der Sünden und Gerechtigkeit vor Gott
nicht erlangen mögen durch unser Verdienst, Werk und
Genugthuung, sondern daß wir Gott gerecht werden
aus Gnaden, um Christi willen, durch den Glauben.

28. Gibt es noch andere Bekenntnißschriften in der luth. Kirche?

Viele halten dafür, daß das Concordienbuch, wel=
ches sämmtliche „symbolischen Bücher" enthält, und
im Jahre 1580 ausgegeben wurde, das rechte Bekennt=
niß der ev. luth. Kirche sei.

29. Was enthält das Concordienbuch?

Dr. Martin Luther's beide Catechismen, für den
Unterricht in Schule und Haus; die Augsburgische
Confession, als öffentliches Bekenntniß der Anhänger
Luthers; die Apologie, als Vertheidigung der Augsb.
Confession; die Schmalkald Artikel, vom Jahre 1537,
als weitere Erklärung gegen die Uebergriffe des Pap=
stes, und die Concordienformel, vom Jahre 1577, als
Abschluß der Lehrstreitigkeiten innerhalb der Lutheri=
schen Kirche.

**30. Werden alle diese symbolischen Schriften von der ganzen luthe=
rischen Kirche als bindend anerkannt?**

Alle Lutheraner achten die Bekenntnißschriften und

öffentlichen Zeugnisse ihrer Kirche sehr hoch, aber ein großer Theil derselben, von der Reformationszeit an bis jetzt, hat sich nur auf die Augsburgische Confession, als ihr Kirchenbekenntniß, und auf Luther's Katechismus, als das rechte Lehrbuch für den Jugendunterricht, verpflichten wollen.

Gebetsvers: Dein Wort, o Herr, laß allweg sein die Leuchte unsern Füßen. Erhalt es bei uns klar und rein; Hilf, daß wir draus genießen: Kraft, Rath und Trost in aller Noth, Daß wir im Leben und im Tod Beständig darauf trauen.

4. Gebrauch der Bekenntnißschriften.

31. Warum hat man so vielerlei Bekenntnißschriften aufgesetzt?

Weil die Christen nicht in der Einfältigkeit und Einhelligkeit des rechten Glaubens bestanden sind, so mußte die Kirche von Zeit zu Zeit neue Irrlehren zurückweisen und die erkannte Wahrheit sorgfältiger feststellen.

32. Welches sind die vornehmsten Bekenntnisse der Kirche älterer Zeit?

Diejenigen, welche in der Augsburgischen Confession anerkannt werden, nämlich das apostolische und das nicänische; ersteres als Zeugniß des Glaubens aus der Apostel Zeit, letzteres aus dem vierten Jahrhundert.

33. Wie lautet das Apostolische Glaubensbekenntniß?

Ich glaube an Gott den Vater allmächtigen, Schöpfer Himmels und der Erden.

Und an Jesum Christum, Seinen einigen Sohn, unsern Herrn; der empfangen ist von dem Heiligen Geist, geboren von der Jungfrau Maria; gelitten unter Pontio Pilato, gekreuziget, gestorben und begraben; niedergefahren zur Höllen; am dritten Tage wieder auferstanden von den Todten; aufgefahren gen Himmel, sitzend zur Rechten Gottes, des allmächtigen Vaters; von dannen Er kommen wird, zu richten die Lebendigen und die Todten.

Ich glaube an den Heiligen Geist; Eine heilige christliche Kirche, die Gemeine der Heiligen; Vergebung der Sünden; Auferstehung des Fleisches, und ein ewiges Leben. Amen.

34. Wie lautet das Nicänische Glaubensbekenntniß?

Ich glaube an Einen Gott, Allmächtigen Vater, Schöpfer Himmels und der Erden, aller sichtbaren Ding und unsichtbaren.

Und an den einigen Herrn Jesum Christum, eingeborenen Sohn Gottes, von dem Vater vor aller Zeit geboren, Gott von Gotte, Licht vom Lichte, wahren Gott vom wahren Gott, geboren, nicht geschaffen, Eines Wesens mit dem Vater, durch welchen alle Ding gemacht sind, der um uns Menschen und um unsrer Seligkeit willen vom Himmel herabgestiegen und Fleisch geworden ist vom Heiligen Geiste aus Maria der Jungfrau, und ist Mensch geworden, auch gekreuzigt für uns unter Pontio Pilato, gestorben und begraben, auferstanden am dritten Tage nach der Schrift, aufgefahren gen Himmel, sitzet zur Rechten des Vaters, und wird wiederkommen mit Herrlichkeit, zu richten die Lebendigen und die Todten. Seines Reiches wird kein Ende sein.

Ich glaube auch an den Heiligen Geist, der da ist Herr und macht lebendig, der von dem Vater und dem Sohne ausgeht, der mit dem Vater und dem Sohne zugleich angebetet und geehrt wird, der durch die Propheten geredet hat. Ich glaube eine heilige allgemeine und apostolische Kirche. Ich bekenne Eine Taufe zur Vergebung der Sünden und warte auf die Auferstehung der Todten und ein Leben der zukünftigen Welt. Amen.

35. Welchen Gebrauch machen wir von diesen allgemeinen Bekenntnissen?

Wenn wir bei unsern Gottesdiensten und andern feierlichen Handlungen das apostolische oder nicänische Glaubensbekenntniß beten, so bekennen wir mit der gesammten christlichen Kirche auf Erden unsern Glauben an den dreieinigen Gott und bezeugen, daß wir nicht eine neue Kirche mit neuer Lehre sind, sondern in der Einheit der alten apostolischen Kirche Christi beharren wollen.

36. Haben wir aber mit unserm lutherischen Bekenntniß nicht eine neue Lehre aufgestellt?

Keineswegs, denn in der Einleitung zur Concordienformel sagen wir: „Wir glauben, lehren und bekennen, daß die einige Regel und Richtschnur, nach welcher zugleich alle Lehren und Lehrer gerichtet und geurtheilt werden sollen, seien allein die prophetischen Schriften des alten und neuen Testaments", und wenn in unsern Bekenntnißschriften etwas gegen Gottes Wort gesagt wäre, so würden wir es ohne Bedenken verwerfen.

37. Was ist der Katechismus?

Der Katechismus ist ein Buch, welches Fragen und Antworten über die Hauptpunkte der christlichen Lehre enthält.

38. Wozu dient uns der kleine Katechismus?

Zu einem Unterrichtsbuch für das Volk und seine Jugend.

39. Was enthält der kleine Katechismus?

Die fünf Hauptstücke, nämlich:
1. Die zehn Gebote;
2. der christliche Glaube;
3. das Gebet des Herrn oder Vaterunser;
4. das Sakrament der heiligen Taufe;
5. das Sakrament des Altars, und einige kleinere Zugaben.

Des Katechismusschüler's Gebet.

Herr Gott, erhalt uns für und für Die reine Katechismuslehr, Die vormals ist der rohen Welt, Durch deinen Luther vorgestellt.

Gieb uns ins Herz die zehn Gebot, Daß wir beweinen Sünd und Noth, Und doch an dich und deinen Sohn Gläuben im Geist erleuchtet schon.

Dich, unsern Vater, rufen an, Der uns nur helfen will und kann, Daß wir als Kinder nach der Tauf Christlich vollbringen unsern Lauf.

So jemand fällt, nicht liegen bleib, Vielmehr zur Beichte komm und gläub, Zur Stärkung nehm das Sakrament. Amen! Gott geb ein selig End.   Ludw. Helmbold, † 1598.

5. Die Reformationsfeier.

40. Was war die Reformation?

Die Kirchenreformation war die Wiederherstellung der reinen Schriftlehre und des rechten Gebrauchs der heiligen Sakramente in der durch römische Irrlehre und Mißbräuche seit langer Zeit verunstalteten Kirche.

41. Wer war der eigentliche Reformator?

Dr. Martin Luther.

42. Wie hat Luther ein so großes Werk ausführen können?

Luther war ein Mann von Gottes Gnaden, mit hohen Geistesgaben ausgerüstet, gut erzogen, gründlich ausgebildet, und gänzlich dem Dienste der Kirche gewidmet.

43. Wie war er zur Erkenntniß der rechten Lehre gekommen?

Durch fleißiges Studium in der heiligen Schrift und ernstliches Beten um die Erleuchtung des heiligen Geistes.

44. Wie und wann fing er das Reformationswerk an?

Mit seinen 95 Sätzen gegen den römischen Ablaßhandel, am 31. Oktober 1517.

45. Was war die Folge von den 95 Sätzen?

Viele Leute dachten über den Verfall der Kirche nach und sagten sich vom römischen Papste los.

46. Was that Luther, das Werk der Kirchenreformation zu befestigen?

Luther lehrte und predigte; schrieb Bücher, dichtete Gesänge, übersetzte die Bibel in die Volkssprache und kämpfte muthig gegen jede Irrlehre.

47. Was that der Papst gegen Luther?

Der Papst ließ Luther verfolgen, that ihn in den Bann und warnte die Leute vor seinen Lehren.

48. Wo und wie vertheidigte sich Luther?

Luther verbrannte die päpstliche Bannbulle, öffentlich auf dem Marktplatze zu Wittenberg, und vertheidigte sich auf dem Reichstage zu Worms mit den Worten: Es sei denn, daß man mich mit klaren Zeugnissen der heiligen Schrift überführe, so kann ich nicht widerrufen. Dem Papst und Concilium glaube ich nicht; überführt bin ich nicht; widerrufen kann ich nicht,—

hier stehe ich; ich kann nicht anders; Gott helfe mir. Amen.

49. Weshalb feiert man ein Reformationsfest?

Man feiert ein jährliches Reformationsfest, um die Segnungen der Reformation in Erinnerung zu halten.

50. An welchem Tage feiert man das Reformationsfest?

Viele feiern den 31. Oktober, zum Andenken an das erste öffentliche Auftreten Luther's gegen die römische Irrlehre; Andere feiern den 25. Juni, zum Andenken an die Uebergabe der Augsburgischen Confession.

———

Reformationslied.

Ein feste Burg ist unser Gott, Ein gute Wehr und Waffen. Er hilft uns frei aus aller Noth, Die uns jetzt hat betroffen. Der alt böse Feind, Mit Ernst er's jetzt meint, Groß Macht und viel List Sein grausam Rüstung ist; Auf Erdn ist nicht seins Gleichen.

Mit unsrer Macht ist nichts gethan, Wir sind gar bald verloren; Es streit für uns der rechte Mann, Den Gott hat selbst erkoren. Fragst du, wer der ist? Er heißt Jesus Christ, Der Herr Zebaoth, Und ist kein andrer Gott, Das Feld muß er behalten.

Und wenn die Welt voll Teufel wär Und wollt uns gar verschlingen, So fürchten wir uns nicht so sehr, Es soll uns doch gelingen. Der Fürst dieser Welt, Wie saur er sich stellt, Thut er uns doch nicht; Das macht, er ist gericht't: Ein Wörtlein kann ihn fällen.

Das Wort sie sollen lassen stahn Und kein Dank dazu haben. Er ist bei uns wohl auf dem Plan Mit seinem Geist und Gaben. Nehmen sie den Leib, Gut, Ehr, Kind und Weib, Laß fahren dahin; Sie haben's kein Gewinn; Das Reich muß uns doch bleiben. Dr. Martin Luther, † 1546.

Abschnitt 3.—Lehre und Leben.

1. Etliche Heilsordnungen.

J. Neun Lehrsätze mit Schriftnachweis.

1. Es ist ein einiger Gott, 5 Mos. 6, 4. 1 Cor. 8, 4—6. Welcher heißet Vater, Sohn und heiliger Geist. 1 Joh. 5, 7.

2. Dieser hat die ganze Welt erschaffen, und bisher erhalten. 1 Mos. 1. Ps. 33, 6. Hebr. 1, 3.

3. Der erste Mensch ist von Gott, ohne Sünde, als ein schönes Ebenbild Gottes erschaffen, 1 Mos. 1, 26. 27. Pred. 7, 30. Eph. 4, 24. Weish. 2, 23. Ist aber durch die Sünde von Gott abgefallen. 1 Mos. 3, 1—9. Daher sind nun alle Menschen zu allem Guten ungeschickt und erstorben, 1 Cor. 2, 14. Eph. 4, 18. Ps. 14, 2, 3. Röm. 3, 10, 11. 12. 17. 18. Zu allem Bösen aber geschickt und geneigt, Röm. 3, 13—16. Matth. 15, 19. 20. 1 Mos. 6, 5. Und deßhalb Gottes Zorn und Ungnade, dem Tod und der Verdammniß unterworfen. Eph. 2, 1—3. Röm. 5, 12. Cap. 6, 23.

4. Gott aber hat sich der gefallenen Menschen wieder erbarmet, Eph. 3, 3—11. 1 Tim. 2, 4. Und ihnen seinen Sohn zum Erlöser geschenket. 1 Mos. 3, 15. Joh. 3, 16.

5. Dieser unser Erlöser ist wahrer Gott und Mensch. Röm. 9, 5. 1 Joh. 5, 23. Joh. 1, 1—3. 14. Heißet Jesus Christus, Matth. 1, 21. Luc. 2, 21. Ps. 45, 8. Luc 2, 11. Hat alle Menschen von Sünde, Tod und Teufel, 1 Tim. 2, 5. 6. Jes. 53, 4. 7. Heb. 2, 14. 15. durch sein unschuldiges Leiden und Sterben erlöset, 1 Pet. 18. 19. Matth. 20, 28. Und ihnen Gottes Gnade, die Gerechtigkeit, Leben und Seligkeit, und den heiligen Geist erworben, 2 Cor. 5, 18—21. Joh. 10, 11. Ap. Gesch. 4, 12. Gal. 3, 13. 14.

6. Der heilige Geist berufet, erleuchtet, und heiliget den gefallenen Menschen wieder, Ap. Gesch. 26, 18. 1 Cor. 6, 11.

durchs Wort Gottes, 2 Theſſ. 2, 13. 14. und durch die Sakramente; welche ſind die Taufe, Tit. 3, 5. 6. und das Abendmahl, 1 Cor. 11, 23. 24. 25. In der Ordnung der Buße, des Glaubens und der Gottſeligkeit, Marc. 16, 16. 1 Tim. 4. 8. Ap. Geſch. 5, 31.

7. Wer nun bußfertig zu Chriſto kommt, Matth. 11, 28. und ihn im Glauben ergreift, Joh. 11, 11. 12. Luc. 24, 46. 47. der erlangt Vergebung der Sünden, Ap. Geſch. 10, 43. Leben und Seligkeit, 1 Joh. 5, 11—13.

8. Er muß aber nach ſeinem Taufbunde, 1 Pet. 3, 21. heilig leben, 1 Pet. 1, 15. 16. geduldig leiden, Heb. 12, 1—3. Luc. 9, 23. fleißig beten, Matth. 7, 7. 8. 1 Theſſ. 5. 17. Joh. 16, 23, 1 Tim. 2, 1. 2. wider Sünde, Welt und Teufel ernſtlich ſtreiten. Röm. 8, 13. Gal. 5, 24. 1 Joh. 2, 15. 16. Röm. 12, 2. 1 Pet. 5, 8. 9. Jac. 4, 7. und durch Gottes Wort, 1 Pet. 2, 2. Pſ. 1, 1—3. und fleißigen Gebrauch des heiligen Abendmahls, 1 Cor. 11, 26. Joh. 6, 54—57. ſeinen Glauben ſtärken. Phile. V. 6.

9. So hat er nicht den Zorn Gottes, den Fluch und die ewige Verdammniß zu gewarten, Joh. 3, 36. Marc. 16, 16. Offenb. 21, 8. Matth. 25, 46. ſondern einen ſeligen Tod, Phil. 1, 21. 23. 2 Cor. 5, 1. eine fröhliche Auferſtehung am jüngſten Tage, Hiob 19, 25—27. Matth. 25, 34. und ein ewiges Leben zu hoffen, Jac. 1, 12. 1 Joh. 3, 1—3. 2 Tim. 4, 7. 8. 18. Offenb 7, 14—17. Cap. 22, 3—5. Jeſ. 35, 10.

---

2. Zwanzig Fragen und Antworten,
von Freylinghauſer.

1. Wer iſt derjenige, der Himmel, Erde, Meer, und alles was darinnen iſt, erſchaffen hat, und noch erhält?

Der Dreieinige Gott, Vater, Sohn und heiliger Geiſt. 1 Moſ. 1. 2. 3. Pſ. 33, 6.

2. Hat alſo derſelbe auch inſonderheit den Menſchen erſchaffen?

Ja, er hat ihn gemacht aus einem Erdenkloß, und ihm eingeblaſen einen lebendigen Odem. 1 Moſ. 2, 7.

3. Was war der Mensch nach dieser seiner ersten Schöpfung?

Ein herrliches Ebenbild Gottes, seines Schöpfers. 1 Mof. 1, 26. 27.

4. Warum heißet denn der Mensch, nach seiner ersten Schöpfung, Gottes Ebenbild?

Weil er ohne Sünde und Elend, hingegen heilig, gerecht und selig war. 1 Mof. 1, 31. Pred. Sal. 7, 30. Eph. 4, 24.

5. Ist aber der Mensch in solchem guten und seligen Zustande, darin er Gottes Bild war, stehen geblieben?

Nein, sondern weil der Mensch, durch Verführung des Teufels, Gott ungehorsam geworden und von ihm abgewichen ist, hat er sich desselben verlustig gemacht, a und sich und alle seine Nachkommen in die höchste Unseligkeit gestürzet. b a 1 Mof. 3, 1. Esa. 59, 2. b 1 Mof. 2, 17. Röm. 5, 12.

6. Worin bestehet solche Unseligkeit des gefallenen Menschen?

Daß er zu allem Guten untüchtig und erstorben, a zum Bösen aber geschickt und geneigt, b und daher ein Kind des Zorns und des Todes ist. c a Röm. 3, 12. Ephes. 4, 18. b Ps. 51, 7. Joh. 3, 6. 1 Mof. 8, 21. c Röm. 5, 18. Eph. 2, 3.

7. Hat aber Gott gewollt, daß der Mensch in dieser Unseligkeit bleiben und verloren werden sollte?

Nein, Gott hat nicht gefallen gehabt am Tode des Sünders, sondern daß er von Sünden erlöset und selig würde. Ezech. 33, 11. 1 Tim. 2, 4. 2 Pet. 3, 9.

8. Wodurch hat Gott diesen, seinen gnädigen Willen, dem gefallenen Menschen zu erkennen gegeben?

Dadurch, daß er ihm seinen eingebornen Sohn zum Erlöser und Seligmacher zu senden verheißen hat. 1 Mof. 3, 15. 1 Mof. 22, 18.

9. Hat denn Gott diese seine Verheißung auch gehalten und erfüllet?

Ja, da die Zeit erfüllet ward, sandte Gott seinen Sohn in unser Fleisch, a welcher von dem heiligen Geiste empfangen, b und von Maria, der Jungfrauen, geboren worden ist. c a Gal. 4, 4. 5. b Luc. 1, 35. c Esa. 7, 14.

10. Wie heißet denn derselbige, den Gott solchergestalt zum Erlöser und Heiland gesandt hat?

Jesus Christus. Matth. 1, 21. Luc. 4, 18.

11. Wer ist nun Jesus Christus nach seiner Person?

Wahrhaftiger Gott und Mensch. Joh. 1, 1–3. 1 Tim. 3, 16.

12. Was hat aber derselbe gethan, uns Menschen von Sünde und Tod zu erlösen und selig zu machen?

Er hat unsere Sündenschuld auf sich genommen und getragen, a und dieselbe mit seinem eigenen Blut und Tod bezahlet am Stamm des Kreuzes. b a Esa. 53, 5. Joh. 1, 22. 2 Cor. 5, 21. b Pf. 69, 6. Matth. 20, 21. Gal. 3, 13. 1 Tim. 2, 6. 1 Pet. 2, 24.

13. Ist denn Christus im Tode geblieben?

Nein, er ist von den Todten wieder auferstanden, a gen Himmel gefahren, und hat sich gesetzet zur rechten Hand Gottes, b um für uns zu bitten, c und den heiligen Geist zu schenken, d wird auch vom Himmel wieder kommen, zu richten die Lebendigen und die Todten. e a 1 Cor. 15, 3, 4. b Marc. 16, 19. c Röm. 8, 34. Hebr. 7, 25. 1 Joh. 2, 1. d Apost. 2, 33. Joh. 15, 26. 27. Joh. 16, 7. e Ap. Gesch. 1, 11. Ap. Gesch. 10, 42. 2 Thess. 1, 7—10.

14. Was hat aber Christus mit seinem Blutvergießen, Tod und Auferstehung uns erworben und zuwege gebracht?

Er hat uns dadurch die Gnade erworben, daß wir unser sündliches Elend und Verderben bußfertig erkennen von Herzen verabscheuen, und Jesum Christum als unsern Erlöser und Heiland im Glauben auf- und annehmen können. Luc. 24, 46. 47. Gal. 3, 26. 27.

15. Wenn man so den Herrn Jesum im wahren Glauben annimmt, was hat man für Gutes davon zu erwarten?

Man verspürt die Kraft der Versöhnung mit Gott a in der Vergebung aller Sünden, b erlangt eine ewige Gerechtigkeit c und den heiligen Geist, d sammt dem Recht und der Freiheit Gottes, als des höchsten Gutes, ewiglich und ohne Aufhören zu genießen, e und nach einem heiligen Leben f die ewige Seligkeit. a 2 Cor. 5, 12. b Ephes. 1, 7. 1 Joh. 1, 9. c Dan. 9, 24. Röm. 3, 25. 26. d Gal. 3, 13. 14. e Röm. 5, 1. 2. Heb. 8, 10. f Röm 6, 22.

16. Woraus lernt man dieses alles?

Aus der Lehre des heiligen Evangelii, a dadurch uns Gott

durch wahre Buße und Glauben zu seiner Gemeinschaft und zum Genuß aller von Christo uns erworbenen Güter ernstlich rufen und einladen lässet. b a Röm. 1, 16. 17. b 1 Cor. 1, 1. 9. 1 Joh. 1, 1—3.

17. Wie muß man sich aber verhalten, wenn man solche Güter und Seligkeit nicht wieder verlieren, sondern derselben theilhaftig bleiben will?

Man muß seiner Taufzusage gemäß, durch den Glauben in Christo bleiben, a und der Regierung seines Geistes folgen, b durch würdige Genießung des heiligen Abendmahls c und heilige Betrachtung des Wortes Gottes sich stärken, d allezeit wacker sein und beten, e gegen die Sünde, die Welt und den Teufel ernstlich kämpfen, f und alle Leiden dieser Zeit mit Geduld ertragen. g   a Joh. 15, 4. 1 Joh. 2, 28. b Röm. 8, 12-14. Gal. 5, 25. c 1 Cor. 11, 26-29. Joh. 6, 54-57. d 1 Pet. 2, 2. 2 Pet. 1, 19. Pf. 1, 1-3. e 1 Pet. 5, 8. Matth. 7, 7. 8. f Gal. 5, 16. 17. Heb. 12, 4. 1 Joh. 5, 4. 6. Eph. 6, 10-18. g Heb. 10, 36. Heb. 12, 1-3. Jac. 5, 7. 8.

18. Müssen denn gläubige und fromme Christen in dieser Welt leiden?

Ja, wer Christi Jünger sein will, muß sich selbst verläugnen, sein Kreuz auf sich nehmen täglich, und also Christo nachfolgen. Luc. 9, 23. Heb. 12, 8.

19. Warum lässet aber Gott die Seinigen mit Kreuz und Leiden belegt werden?

Damit sie mögen bewähret, in der Heiligung gefördert, und dem Ebenbilde Christi, welcher auch durch Leiden in seine Herrlichkeit gegangen ist, gleichförmig werden. 1 Pet. 1, 6. 7. 1 Pet. 4, 12. Heb. 12, 10. Röm. 8, 29.

20. Haben sie gewisse und völlige Erlösung daraus zu erwarten?

Ja, der Herr tröstet sie nicht allein schon hier unter allen Trübsalen, a sondern wird sie auch endlich erlösen von allem Uebel, und vermittelst eines seligen Todes und der Auferweckung aus den Todten, versetzen in sein himmlisches Reich; b da sie von allen Leiden dieser Zeit befreiet, Gott, wie er ist, anschauen, und seiner ohne Ende genießen sollen, c von Ewigkeit zu Ewigkeit. Amen. a Pf. 119, 92. 2 Cor. 1. 5. b 2 Tim. 4, 18. Offenb. 7, 14-17. c Hiob 19, 25-27. Pf. 17, 15. 1 Joh. 3, 2.

3. Christliche Lehrtafel.

Von Gott und von den Menschen.

I.

I. Die Erkenntniß Gottes haben wir,
  1. Einigermaßen aus der Natur. Pf. 19, 2.
  2. Vornehmlich aus der heiligen Schrift. Joh. 5, 39.
II. Das göttliche Wesen offenbaret Gottes Wort also:
  1. Daß ein einiger Gott sei. Marc. 12, 29.
  2. Daß drei Personen in dem einigen Wesen seien. 1 Joh. Joh. 5, 7.
  3. Daß Gott ein Geist sei. Joh. 4, 24 und das höchste Gut. Matth. 19, 17. und also ewig, allmächtig, allwissend, allgegenwärtig, allheilig, gerecht, wahrhaftig und gütig. 1 Tim. 6, 15. 16. Jer. 32, 17-19.
III. Die göttlichen Werke nach dem ersten Artikel, sind:
  1. Die Schöpfung; da Gott in sechs Tagen alles, was sichtbar und unsichtbar ist, erschaffen hat. Pf. 33, 6.
    a Unter den sichtbaren sind die vornehmsten die Menschen: und waren die ersten Adam und Eva. 1 Mos. 1, 27.
    b Unter den unsichtbaren sind die vornehmsten die Engel; die nun zweierlei sind:
      1. Die guten Engel sind heilige und selige Geister. Heb. 1, 14.
      2. Die bösen Engel sind die Teufel. Joh. 8, 44. 1 Pet. 5, 8.
  2. Die Erhaltung: da Gott alles erhält und regieret. Ap. Gesch. 17, 28.

II.

Der Mensch ist zu betrachten nach vier Ständen:

I. Der Stand der Unschuld, da der Mensch ohne Sünde zum Bilde Gottes geschaffen war. 1 Mos. 26. 27.

Das Ebenbild Gottes war eine Gleichheit des

Menschen mit Gott nach Seele und Leib. Eph. 4, 24. Col. 3, 10.

II. Der Stand der Sünden, da der Mensch durch Adams Fall in Sünde und Tod gerathen. Röm. 5, 12.
1. Der Fall Adams war, da der Mensch sein Herz von Gott zum Teufel wandte. Röm. 5, 19.
2. Die Sünde ist das Unrecht, oder alles, was wider Gottes Gebot ist. 1 Joh. 3, 7. 10, und ist zweierlei:
 a Die Erbsünde, die wir von den Eltern erben. Ps. 51,7.
 b Die wirkliche Sünde, die wir selber thun. Jac.1,14.15.
3. Die überbliebenen Kräfte sind nicht hinlänglich zur Seligkeit. 1 Cor. 2, 14.

III. Der Stand der Gnaden; da der Mensch wieder von seinen Sünden erlöset, und zum Bilde Gottes erneuert wird. Da vier Stücke zu merken:
1. Der Ursprung der Gnade ist von Gott dem Vater, der die Menschen schon von Ewigkeit her erwählet. Eph. 1, 4. 6.
2. Die Erwerbung der Gnade ist von Gott dem Sohne, welcher betrachtet wird nach seiner Person, Amt und Stande.
 a Die Person Christi hat zwei Naturen:
  1. Die göttliche Natur. 1 Joh. 5, 20.
  2. Die menschliche Natur. Joh. 1, 14. Heb. 2, 14.
 b Das Amt Christi ist dreifach:
  1. Das Prophetische oder Lehramt. Ap. Gesch. 3, 22. 23.
  2. Das Hohepriesterliche oder Versöhnungsamt. Heb. 7, 24. 26.
  3. Das Königliche Amt. Luc. 1, 32, 33.
 c Die Stände sind.
  1. Der Stand der Erniedrigung. Phil. 2, 5-8.
  2. Der Stand der Erhöhung. Phil. 2, 9-11.
3. Die Anbietung der Gnade geschieht von dem heiligen Geiste.
 a Die Gnadenwohlthaten sind:

1. Die Berufung; da uns Gott durch sein Wort wieder zu sich rufet. 1 Pet. 2, 2. Ap. Gesch. 26, 18.
2. Die Erleuchtung; da Gott die Finsterniß des Verstandes wegnimmt, und das Licht des Glaubens anzündet. 2 Cor. 4, 6.
3. Die Wiedergeburt; da uns Gott zu andern Menschen macht, und zu seinen Kindern annimmt. 1 Pet. 1, 3. 4.
4. Die Rechtfertigung; da uns Gott um Christi willen unsere Sünden vergiebt. Röm. 3, 24. 25. 2 Cor. 5, 21.
5. Die Vereinigung mit Gott; da sich Gott mit einem gläubigen Menschen geistlich vereiniget. Joh. 15, 1–5.
6. Die Erneuerung und Heiligung; da Gott den Glauben stärket, daß wir immer mehr und mehr das Böse lassen und das Gute thun. Eph. 4, 22–4. 1 Thess. 5, 23. 24.

b Die Mittel der Gnade sind:
1. Das Wort Gottes oder die heilige Schrift. 2 Pet. 1, 19–21. 2 Tim. 3, 15–17.
   Gesetz, Gal. 3, 19. 21.
   Evangelium, Röm. 1, 16. 17.
2. Die Sakramente sind im neuen Testamente.
   a Die heilige Taufe. Matth. 28, 19. 20. Marc. 16, 16.
   b Das heilige Abendmahl. 1 Cor. 11, 23–29.
      Dahin auch die Beichte und das Amt der Schlüssel gehöret. Matth. 16, 19. Joh. 20, 22. 23.

4. Die Annehmung der Gnade geschieht von dem Menschen.

a Die Ordnung, worin die Gnade nach göttlichem Willen anzunehmen ist, ist die Buße oder Bekehrung zu Gott. Ap. Gesch. 26, 18.
1. Die Buße oder Bekehrung ist, eine Veränderung des Sinnes und des Herzens. Röm. 12, 2.
2. Die Stücke der Buße sind:
   a Die Reue über die Sünde. 2 Cor. 7, 10. 11.
   b Der Glaube an Christum. Joh. 5, 24. Heb. 11, 1.

3 Die Früchte der Buße sind die guten Werke. Eph. 2, 10.
4 Die Hülfsmittel sind unter andern, das Kreuz und das Gebet.
   a Das Kreuz ist allerhand Leiden, das Gott seinen Kindern zu ihrem Besten zuschickt. 1 Pet. 4, 12.
   b Das Gebet ist ein Gespräch des Herzens mit Gott, wodurch wir alle Gnade und Kraft erbitten müssen. Matth. 6, 6. C. 7, 7. 8.
b Die Personen, die solche Gnade annehmen, sind: Die Christliche Kirche, 1 Pet. 2, 9.
Darinnen drei Hauptstände:
1. Der Lehrstand, 1 Pet. 5, 1-5. Hebr. 13, 17.
2. Der Obrigkeitliche Stand, Röm. 13, 1-7.
3. Der Hausstand. Eph. 5, 27. C. 6, 9.

IV. Der Stand der Herrlichkeit; da der Mensch von allem Uebel erlöset, und zur ewigen Seligkeit gelanget ist.
1. Die vorhergehenden vier letzten Dinge sind:
   a Der Tod. Pred. 12, 7. Röm. 5, 12
   b Die Auferstehung von den Todten. Joh. 5, 28. 29.
   c Das jüngste Gericht. 2 Cor. 5, 10.
   d Das Ende der Welt. 2 Pet. 3, 10.
2. Die Herrlichkeit selbst ist das ewige Leben. 1 Joh. 3, 12. und
   Dessen Gegentheil ist der ewige Tod und die Verdammniß. Luc. 16, 23.

---

4. Das Glaubenslied,

welches die Hauptstücke des Glaubens wahrer Christen nach dem geoffenbarten Worte Gottes in sich fasset.

Mel. Herr Jesu Christ, dich zu uns wend'.

1. Ich glaub' an Gott, der Vater heißt, a
Auch an den Sohn und heil'gen Geist, b

Er ist der Schöpfer aller Welt, c
Der Herr, der alle Ding erhält.

a 1 Cor. 8, 6. b Matth. 23, 19. c Ap. Gesch. 17, 24-28.

2. Der erste Mensch war Gottes Bild,
Mit Licht, mit Lieb und Gnad' erfüllt, a
Sein Sündenfall riß ihn von Gatt,
In Finsterniß, in Zorn und Tod. b

a 1 Mos. 1. b 1 Mos. 3, 26. 27.

3. Und doch war Gott von Gnad so groß, a
Gab her den Sohn aus seinem Schoos,
Der ward ein Mensch, heißt Jesus Christ, b
Durch den der Riß geheilet ist.

a Joh. 3, 16. b 1 Tim. 2, 5.

4. Denn er ward Bürg, gabs Lösegeld, a
Und litt, ja starb für alle Welt, b
Erlös'te uns von Zorn und Schuld, c
Versöhnte Gott, erwarb die Huld. d

a 1 Tim. 2, 6. b Heb. 2, 9. c 1 Thess. 1, 10. d Röm. 5, 10.

5. Stand auf vom Tod, verließ die Welt, a
Fuhr auf zu Gott ins Himmelszelt, b
Ist aller König, der Seinen Hirt, c
Und Richter, der recht richten wird. d

a Luc. 24, 5. 6. b Luc. 24, 51. Eph. 1, 20. c Joh. 21, 15—17. d Ap. Gesch. 10, 42. 2 Cor. 5, 10.

6. Der heil'ge Geist beut jedermann, a
Durchs Wort b und Sacramente an, c
Was Christus uns für Heil gebracht,
Und giebt es dem, ders nicht veracht't. d

a Ap. Gesch. 17, 30. 31. b 2 Pet. 1, 19—21. Gal. 3, 19—21. Röm. 1, 16. 17. c Matth. 28, 19. 20. Marc. 16, 16. 1 Cor. 11, 23—29. d Ap. Gesch. 5, 30—32.

7. Derselbe schafft ein neues Herz, a
Bestraft die Sünd', wirkt Reu und Schmerz,

Giebt helles Licht von Gottes Rath, a
Von seinem Sohn und dessen Gnad. c
<small>a Tit. 3, 5.   b Joh. 16, 8.   c Eph. 1, 16—18.</small>

8. Er ist's, der uns den Glauben schenkt, a
Auch Lieb zu Gott in's Herze senkt, b
Durch ihn wird Gottes Bild erneur't, c
Des Fleisches Sinn im Grund verstört.
<small>a 2 Cor. 4, 13.   b Röm. 5, 5.   Eph. 3, 16.   c Tit. 3, 5.   d Röm. 8, 1—9.</small>

9. Wer nun durch ihn in Kraft und That, a
Buß, Glauben, Lieb' im Herzen hat,
Der ist aus Gottes Geist gebor'n,
Ist Gottes Kind, geht nicht verlor'n.
<small>a Röm. 8, 12—14.</small>

10. Wer aber nach dem Fleische lebt, a
Und Gottes Geiste widerstrebt,
Ist Satans Kind, und sehr verblend't,
Muthwillig er zur Höllen rennt. d
<small>a Röm. 8, 13.   b Ap. Gesch. 7, 51.   c 1 Joh. 3, 8.   d Röm. 8, 3—13.</small>

Schlußgebet.

11. Ach, Vater, in dem höchsten Thron,
Nimm uns doch auf in deinem Sohn,
Dein Geist mach alles bei uns neu,
Daß ew'ges Leben unser sei.

12. Erwäg' mein Herz, was ist dein Gut,
Auf welchem dein Vertrauen ruht,
Von welchem Wege hoffest du,
Daß er dich führ' zum Leben zu?

13. Mein bestes Gut soll Gott allein
In Christo, meinem Mittler, sein:
Den Lebensweg mir niemand weis't,
Nur Gottes Wort und Gottes Geist.

II. Das Württembergische Confir=manden=Examen.

1. Was soll eines Menschen vornehmste Sorge sein in diesem Leben?

Daß er haben möge eine gewisse Hoffnung des ewigen Lebens, wie Christus sagt Matth. 6, 33: Trachtet am ersten nach dem Reich Gottes und nach seiner Gerechtigkeit, so wird euch das Uebrige Alles zufallen.

2. Kann denn nicht ein jeder Mensch diese Hoffnung haben?

Niemand, als allein ein wahrer Christ, nach dem Spruch Christi: Es werden nicht Alle, die zu mir sagen: Herr, Herr, in das Himmelreich kommen, sondern die den Willen thun meines Vaters im Himmel. Matth. 7, 21.

3. Wer bist du denn?

Ich bin ein Christ.

4. Was macht uns zu Christen?

Nicht die leibliche Geburt von Christen oder die äußerliche Gemeinschaft mit Christen, sondern der Glaube an Christum und die Taufe auf Christum.

5. Bist du in deiner Kindheit auch getauft worden?

Ja, ich bin getauft worden in dem Namen Gottes des Vaters, des Sohnes und des Heiligen Geistes. Dem heiligen dreieinigen Gott sei für diese unaussprechliche Wohlthat Lob und Dank gesagt in Zeit und Ewigkeit.

6. Was ist die Taufe?

Die Taufe ist ein heiliges Sakrament und ein göttliches Wortzeichen, damit Gott der Vater sammt dem

Sohn und Heiligen Geist bezeuget, daß er dem Getauften ein gnädiger Gott wolle sein, und verzeihe ihm alle Sünden aus lauter Gnade von wegen Jesu Christi, und nehme ihn auf an Kindes Statt und zum Erben aller himmlischen Güter.

7. Womit bist du getauft?

Mit Wasser und Geist, nach dem Spruch Christi: Es sei denn, daß Jemand von Neuem geboren werde aus Wasser und Geist, so kann er nicht in das Reich Gottes kommen. Joh. 3, 5.

8. Was haben wir für einen Nutzen von der Taufe?

Sie versichert uns der Gnade Gottes, Vergebung der Sünden, Kindschaft Gottes und Erbschaft des ewigen Lebens. Titum 3, 6. 7: Nach seiner Barmherzigkeit macht uns Gott selig durch das Bad der Wiedergeburt und Erneuerung des Heiligen Geistes, welchen er ausgegossen hat über uns reichlich durch Jesum Christum, unsern Heiland, auf daß wir durch desselben Gnade gerecht und Erben seien des ewigen Lebens, nach der Hoffnung, das ist gewißlich wahr.

9. Wie beschreibt das Wort Gottes die Taufe?

Als den Bund eines guten Gewissens mit Gott. 1 Pet. 3, 21.

10. Hat also Gott in der heiligen Taufe einen Bund mit dir gemacht?

Ja, denn er, der große Gott, hat mir versprochen mein gnädiger Gott und Vater zu sein; ich aber habe abgesagt dem Teufel und allen seinen Werken und Wesen, der Pracht und Eitelkeit der gottlosen Welt und allen sündlichen Lüsten des Fleisches, und hingegen mich verpflichtet, Gott und meinem Herrn Jesum zu dienen mein Lebenlang.

11. Was fordert dieser Taufbund also von dir?

Eine ewige kindliche Treue, wie auch Gott nach demselben mir ewig getreu verblieben und alle seine Verheißungen pünktlich erfüllen will, daß ich demnach solchen Bund täglich, sonderlich aber, so oft ich zum heiligen Abendmahl gehe, mit aller Andacht erneure, mein Leben nach demselben prüfe und einrichte, absonderlich allen denjenigen Sünden absage, zu welchen ich vor andern geneigt bin.

12. Weil also nur die wahre Christen sind, die bei ihrer Taufe auch treu im Glauben bleiben, was heißt denn an Gott glauben?

Gott erkennen, sein Wort annehmen, und all sein Vertrauen auf ihn setzen.

13. Wer ist Gott, an den man glauben soll?

Gott ist ein unerschaffenes, geistiges Wesen, ewig, allmächtig, allgegenwärtig, allwissend, allweise, gerecht, heilig, wahrhaftig, gütig und barmherzig.

14. Ist mehr als nur Ein Gott?

Nein, es ist nur einiger Gott. 5 Mos. 6, 4. Höre Israel, der Herr, unser Gott, ist ein einiger Herr.

15. Wie viel sind aber Personen in dieser einigen Gottheit?

Drei, der Vater, der Sohn und der Heilige Geist. 1 Joh. 5, 7. Drei sind, die da zeugen im Himmel, der Vater, das Wort und der Heilige Geist, und diese Drei sind Eins.

16. Wie lautet dein Glaubensbekenntniß von der ersten Person in der Gottheit, nämlich von Gott dem Vater?

Ich glaube an Gott, den Vater allmächtigen, Schöpfer Himmels und der Erden.

17. Hat Gott gleich Anfangs auch die Menschen erschaffen?

Ja, Gott schuf den Menschen ihm zum Bilde, zum Bilde Gottes schuf er ihn. 1 Mos. 1, 27.

18. Haben wir dieses Ebenbild Gottes noch an uns?

Ach nein! Wir haben es verloren durch den ersten Sündenfall. 1 Mos. 3.

19. Worein sind wir durch den Sündenfall unserer ersten Eltern gerathen?

In die Sünde, und durch die Sünde in den Zorn Gottes, und unter die Gewalt des Teufels, des Todes und der Hölle, Röm. 5, 12. Durch Einen Menschen ist die Sünde in die Welt gekommen, und der Tod durch die Sünde, und ist also der Tod zu allen Menschen hindurchgedrungen, dieweil sie Alle gesündigt haben.

20. Was ist die Sünde?

Die Sünde ist das Unrecht oder die Uebertretung des Gesetzes. 1 Joh. 3, 4.

21. Wie vielerlei ist die Sünde?

Zweierlei, die Erbsünde und die wirkliche Sünde.

22. Was ist die Erbsünde?

Die angeborne Verderbniß menschlicher Natur und die reizende Lust zum Bösen. Joh. 3, 6. Was vom Fleisch geboren wird, das ist Fleisch.

23. Was heißen aber wirkliche Sünden?

Alles, was aus der Erbsünde entspringt, es seien innerliche Gedanken und Begierden, oder äußerliche Geberden, Worte und Werke. Matth. 15, 19. Aus dem Herzen kommen hervor arge Gedanken, Mord, Ehebruch, Hurerei, Diebstahl, falsch Zeugniß, Lästerung.

24. Wenn man das Gute unterläßt, ist es auch Sünde?

Freilich ist es Sünde, weil Gott nicht allein von uns fordert, daß wir das Böse lassen, sondern auch das Gute thun sollen. Jac. 4, 17. Wer da weiß Gutes zu thun und thut es nicht, dem ist es Sünde.

25. Wie werden die wirklichen Sünden abgetheilt?

Ein anders ist die Sünde der Schwachheit, ein anders die Sünde der Bosheit.

26. Was ist Schwachheitssünde?

Wenn ein frommer Christ nicht aus Vorsatz und Muthwillen sündiget, sondern aus Unwissenheit und Unvorsichtigkeit von einem Fehler übereilt wird, denselben aber sogleich wieder bereuet und davon abläßt.

27. Was heißt aber Bosheitssünde?

Wenn der Mensch wissentlich und vorsätzlich Böses thut, da er wohl weiß, daß etwas Unrecht ist, und es dennoch thut.

28. Was verdienen wir mit solchen Sünden?

Nichts anders, denn Gottes Zorn und Ungnade, auch allerlei zeitliche Strafen, und dazu die ewige, höllische Verdammniß. Röm. 6, 23. Der Tod ist der Sünde Sold.

29. Wer hat uns aber aus solchem kläglichen Zustand herausgeholfen?

Jesus Christus, der sich selbst gegeben hat für Alle zur Erlösung. 1 Tim. 2, 5. 6.

30. Wer ist denn Jesus Christus?

Er ist der Sohn Gottes, wahrer Gott und wahrer Mensch in einer unzertrennten Person.

31. Wie lautet dein Glaubensbekenntniß von Jesu Christo?

Ich glaube an Jesum Christum, den eingebornen Sohn Gottes, unsern Herrn, der empfangen ist von dem Heiligen Geist, geboren aus Maria, der Jungfrau, der gelitten hat unter Pontio Pilato, gekreuziget, gestorben und begraben, ist abgefahren zur Hölle, am dritten Tage wieder auferstanden von den Todten, aufgefahren in den Himmel, da sitzet er zur Rechten Gottes, seines allmächtigen Vater, von dannen er wieder kommen wird, zu richten die Lebendigen und die Todten.

32. Womit beweisest du, daß Jesus Christus sei wahrhaftiger Gott, vom Vater in Ewigkeit geboren?

Aus den klaren Zeugnissen der heiligen Schrift, darinnen er nicht nur der einige und eingeborne Sohn Gottes heißet, Röm. 8, 32., Joh. 3, 16., sondern auch Gott über Alles gelobet in Ewigkeit, Röm. 9, 5. Der wahrhaftige Gott und das ewige Leben. 1 Joh. 5, 20.

33. Was hat dieser Sohn Gottes, Jesus Christus, für dich gethan oder erlitten, daß du ihn deinen Erlöser nennest?

Erstlich hat er das ganze Gesetz für mich erfüllet, hernach hat er für mich Tod und Marter am Kreuz gelitten. Er ist, wie St. Paulus schreibet, um unserer Sünde willen dahingegeben, und um unserer Gerechtigkeit willen auferwecket. Röm. 4, 25.

34. Was hat dir Christus mit seinem Gehorsam und Leiden verdient?

Das hat er mir verdient, daß mir aus Gnaden und um seinetwillen alle meine Sünden verziehen werden, und mich Gott für fromm und gerecht, und für sein liebes Kind will halten, und mich ewig selig machen.

35. Wodurch machest du dich dieses Verdienstes Christi theilhaftig?

Durch einen wahren und lebendigen Glauben.

36. Was heißt oder ist ein solcher wahrer Glaube?

Es ist ein herzliches Vertrauen zu Gott, daß er aus Gnaden und um des Verdienstes Christi willen sich meiner erbarmen, mich an Kindesstatt aufnehmen und mich ewig selig machen werde, nach dem Spruch Christi, Joh. 3, 16: Also hat Gott die Welt geliebet, daß er seinen eingebornen Sohn gab, auf daß Alle, die an ihn glauben, nicht verloren werden, sondern das ewige Leben haben.

37. Kannst du aber für dich selbst und aus eigener Kraft an Jesum Christum glauben?

Nein, das stehet in keines Menschen Kraft. Niemand kann J e s u m einen Herrn heißen, ohne durch den Heiligen Geist. 1 Cor. 12, 3.

38. Wie heißt denn dein Glaubensbekenntniß von dem Heiligen Geist?

Ich glaube an den heiligen Geist, eine heilige christliche Kirche, die Gemeine der Heiligen, Vergebung der Sünden, Auferstehung des Leibes und ein ewiges Leben.

39. Ist denn der Heilige Geist auch wahrer Gott, daß du an ihn glaubest?

Ja freilich, denn es werden Ihm in der heiligen Schrift göttliche Namen, Eigenschaften, Werke und Ehre zugeschrieben.

40. Wenn du das Alles, was du bisher mit deinem Munde bekennet hast, auch von Herzen glaubest, wozu ist dir dieser Glaube nützlich?

Dazu ist er mir nützlich, daß ich durch diesen Glauben werde vor Gott von wegen Jesu Christi für fromm und heilig gehalten, und mir geschenkt wird der Heilige Geist, zu beten, und Gott als einen Vater anzurufen, und mein Leben nach seinen Geboten einzurichten.

41. Welches ist also der erste Nutzen, den du von deinem Glauben hast?

Meine Rechtfertigung, daß mir Gott meine Sünden vergibt, die Gerechtigkeit Christi mir zurechnet, und um solcher willen mich aller Gnade versichert.

42. Wirket aber der Glaube nicht auch die Heiligung und Erneuerung, als den zweiten Nutzen?

Ja; denn durch den Glauben wird mir je mehr und

mehr der Heilige Geist geschenket, daß ich kann kindlich beten und gottselig leben.

43. Was ist das Gebet?

Das Gebet ist eine Anrufung Gottes, entweder um Zuwendung des Guten, oder um Abwendung des Bösen, sowohl im Leiblichen, als im Geistlichen.

44. Welches ist das beste, vollkommenste und schönste Gebet?

Dasjenige, welches uns Christus selber gelehret hat und also heißt: Unser Vater in dem Himmel. Dein Name werde geheiligt. Dein Reich komme. Dein Wille geschehe auf Erden, wie im Himmel. Unser täglich Brod gib uns heute. Und vergib uns unsre Schulden, wie wir unsern Schuldigern vergeben. Und führe uns nicht in Versuchung; sondern erlöse uns von dem Uebel. Denn dein ist das Reich, und die Kraft, und die Herrlichkeit in Ewigkeit. Amen.

45. Wie soll man beten?

Andächtig, als in der Gegenwart Gottes, bußfertig, demüthig, sowohl innerlich im Herzen, als auch äußerlich in Geberden, mit wahrem Glauben, und in dem Namen Jesu Christi.

46. Was haben wir von einem solchen Gebet zu hoffen?

Unser lieber Heiland sagt: Wahrlich, wahrlich, ich sage euch, was ihr den Vater bitten werdet in meinem Namen, das wird er euch geben. Joh. 16, 23.

47. Wenn aber ein Christ will gottselig leben, wonach muß er sein Leben einrichten?

Nicht nach seinem eigenen Willen und Gutdünken, auch nicht nach den sündlichen Gewohnheiten der Welt, sondern nach dem Willen und Geboten Gottes.

48. Wo hat uns Gott seinen Willen und Gebote vorgelegt?

In seinem Wort, wie solches in den Schriften des alten und neuen Testaments verfasset ist.

49. Sag' mir daraus her die zehn Gebote Gottes?

Das erste Gebot: Ich bin der Herr, dein Gott; du sollst keine andere Götter neben mir haben.

Das andere Gebot: Du sollst den Namen des Herrn, deines Gottes, nicht mißbrauchen.

Das dritte Gebot: Du sollst den Feiertag heiligen.

Das vierte Gebot: Du sollst deinen Vater und deine Mutter ehren.

Das fünfte Gebot: Du sollst nicht tödten.

Das sechste Gebot: Du sollst nicht ehebrechen.

Das siebente Gebot: Du sollst nicht stehlen.

Das achte Gebot: Du sollst kein falsch Zeugniß reden wider deinen Nächsten.

Das neunte Gebot: Du sollst dich nicht lassen gelüsten deines Nächsten Haus.

Das zehnte Gebot: Du sollst dich nicht lassen gelüsten deines Nächsten Weib, Knecht, Magd, Vieh, oder Alles, was sein ist.

50. Was ist der kurze Inhalt dieser zehn Gebote?

Es wird darinnen erfordert die Liebe Gottes und des Nächsten. Matth. 22, 37—40.

51. Was heißt Gott lieben?

Gott lieben heißt, Gott für das höchste Gut achten, ihm mit dem Herzen anhangen, immer in Gedanken mit ihm umgehen, das größte Verlangen nach ihm tragen, das größte Wohlgefallen an ihm haben, ihm ganz und gar sich ergeben, und um seine Ehre eifern.

52. Was heißt den Nächsten lieben?

Den Nächsten lieben heißt, es nicht nur mit demselben getreulich meinen, ihm alles Gute von Herzen wünschen und gönnen, mit Worten und Geberden sich freundlich gegen ihn bezeugen, und mit Trost, Rath und That ihm beispringen, sondern auch seine Schwachheit mit Geduld ertragen, und durch sanftmüthige Bestrafung seine Besserung suchen.

53. Wenn du dich nach diesem Allem prüfest, wessen überzeugt dich dein Gewissen?

Daß ich, leider! ein großer Sünder sei, auch zeitliche und ewige Strafen Gottes wohl verdient habe.

54. Sind dir deine Sünden auch leid?

Ja, es ist mir von Herzen leid, daß ich wider Gott gesündiget und ihn, meinen getreuen Schöpfer, Erlöser und Tröster, so vielfältig und dazu manchmal vorsätzlich und muthwillig beleidiget und erzürnet habe.

55. Kannst du aber bei diesem beleidigten Gott wieder zu Gnaden kommen?

Ja, durch eine wahre Buße und Bekehrung.

56. Was heißt Buße thun?

Buße thun heißt, die Sünden herzlich erkennen, vor Gott und auch in gewissen Fällen vor Menschen bekennen, bereuen, hassen und lassen, an Jesum Christum glauben, und der Besserung des Lebens sich befleißen.

57. Hast du bei diesem Allem nicht auch eine Stärkung für deinen Glauben nöthig?

Ja, denn der Glaube ist bald groß und stark, voll Zuversicht und Freudigkeit, bald klein und schwach, da viel Zweifel, Furcht und Kleinmüthigkeit mit unterläuft.

58. Wodurch wird unser Glaube in Widerwärtigkeit am mächtigsten gestärkt und wir in Anfechtung getröstet?

Durch das Abendmahl unseres Herrn Jesu Christi.

59. Was ist das Abendmahl unseres Herrn Jesu Christi?

Das Abendmahl Christi ist ein heiliges Sakrament und göttliches Wortzeichen, darin uns Christus wahrhaftig und gegenwärtig mit Brod und Wein seinen Leib und Blut schenket und darreichet, und vergewissert uns damit, daß wir haben Vergebung der Sünden und ein ewiges Leben.

60. Wie lauten die Worte der Einsetzung, woraus insonderheit die ganze Lehre vom heiligen Abendmahl zu erlernen ist?

Der Herr Jesus in der Nacht, da er verrathen ward, und mit seinen Jüngern zu Tische saß, nahm er das Brod, sagte Dank, brach's, gab's seinen Jüngern und sprach: Nehmet hin und esset! das ist mein Leib, der für euch gegeben wird, das thut zu meinem Gedächtniß. Desselben gleichen nach dem Abendmahl nahm er den Kelch, sagte Dank, gab ihnen den und sprach: Trinket Alle daraus, das ist mein Blut des neuen Testaments, das für euch und für Viele vergossen wird zur Vergebung der Sünden, das thut, so oft ihr's trinket zu meinem Gedächtniß.

61. Was empfähest, issest und trinkest du im heiligen Abendmahl?

Mit Brod und Wein esse und trinke ich den wahren Leib und das wahrhaftige Blut Jesu Christi, wie Paulus sagt: Der gesegnete Kelch, welchen wir segnen, ist der nicht die Gemeinschaft des Blutes Christi? Das Brod, das wir brechen, ist das nicht die Gemeinschaft des Leibes Christi? 1 Cor. 10, 16.

62. Für wen ist das heilige Abendmahl eingesetzt?

Für alle und jede Christenmenschen, die sich selbst

prüfen können. 1 Cor. 11, 28. Der Mensch prüfe sich selbst und also esse er von diesem Brod und trinke von diesem Kelch).

63. Was heißt denn sich selbst prüfen?

Sich selbst prüfen heißt, in sein eigen Herz und Gewissen gehen und seine Buße, Glauben und neuen Gehorsam fleißig erforschen.

64. Wie prüfen wir unsere Buße?

Wenn wir uns selbst erforschen, ob wir unsere Sünden auch ernstlich erkennen, vor Gott bekennen, herzlich bereuen, verabscheuen und Leid darüber tragen.

65. Wie prüfen wir unsern Glauben?

Wenn wir in unsern Herzen wohl erkundigen, ob wir Jesum Christum auch recht erkennen, uns einig auf sein Verdienst und Gnade verlassen, und insonderheit von dem heiligen Abendmahl recht gesinnet seien.

66. Wie prüfen wir unsern neuen Gehorsam?

Wenn wir genau untersuchen, ob wir uns mit Ernst vorgesetzt, von nun an die Sünde zu hassen und zu lassen, hingegen Gott gefällig zu leben und in wahrer Liebe Gottes und des Nächsten durch Gottes Gnade zu verharren.

67. Was für Strafen haben die zu erwarten, die unwürdig und ungeprüft zu dem heiligen Abendmahl gehen?

Gottes Gericht, denn so sagt Paulus: Wer unwürdig isset und trinket, der isset und trinket ihm selber das Gericht, damit, daß er nicht unterscheidet den Leib des Herrn. 1 Cor. 11, 29.

68. Wozu nützt hingegen das heilige Abendmahl, wenn du es mit bußfertigem Herzen empfahest?

Zur Stärkung meines Glaubens, zum Trost meines

Gewissens, zu gewisser Versicherung der Vergebung meiner Sünden und zur Besserung meines Lebens.

69. Wie bekommen wir aber einen freien Hintritt zum heiligen Abendmahl?

Durch das Predigtamt, welches zweierlei Gewalt hat, den Unbußfertigen ihre Sünden zu behalten, den Bußfertigen aber ihre Sünden zu vergeben.

70. Von wem hat das Predigtamt solche geistliche Gewalt bekommen?

Von dem Herrn Christo, der selbst zu seinen Jüngern spricht: Was ihr auf Erden binden werdet, soll auch im Himmel gebunden sein; und was ihr auf Erden lösen werdet, soll auch im Himmel los sein. Matth. 18, 18. Und abermalen spricht der Herr Christus: Welchen ihr die Sünde erlasset, denen sind sie erlassen, und welchen ihr sie behaltet, denen sind sie behalten. Joh. 20, 23.

71. Was ist die Pflicht und Schuldigkeit aller gläubigen Communicanten?

Wir sollen des Herrn Christi und seines Todes gedenken, seinen Namen preisen und ihm mit Herzen und Werken für seine Wohlthaten danken, wie der Apostel Paulus sagt 1 Cor. 11, 26: So oft ihr von diesem Brod esset und von diesem Kelch trinket, sollt ihr des Herrn Tod verkündigen, bis daß er kommt.

72. Sage mir dieses noch deutlicher, wie du es angreifen mußt, daß du Christi Tod verkündigest?

Ich muß bei und nach dem Gebrauch des heiligen Abendmahls vor allen Dingen den Kreuzestod Christi fleißig und gläubig betrachten, und wohl bedenken, wie sauer es dem lieben Heiland geworden, da er meine und aller Welt Sünde getilget, und mir die Seligkeit erworben mit Aufopferung seines Leibes und Vergießung seines Blutes.

73. Was gehört hernach noch mehr zu solcher Todesverkündigung und was fließt noch weiter aus dieser Betrachtung?

Weil meine Sünden dem Herrn Jesu die größten Schmerzen, ja den bittern Tod verursachet, so soll ich an der Sünde keine Lust haben, sondern dieselbe ernstlich fliehen und meiden; hingegen soll ich meinem Heiland und Erlöser als sein Eigenthum allein zur Ehre leben, leiden und sterben, damit ich in meiner letzten Todesstunde freudig und getrost sprechen möge: Herr Jesu, dir leb' ich, dir leid ich, dir sterb' ich, dein bin ich todt und lebendig, mach' mich, o Jesu, ewig selig. Amen.

Verzeichniß der wichtigsten Kern-Sprüche heiliger Schrift, darinnen die vornehmsten Glaubens-Artikel gegründet sind.

Die christliche Glaubens-Lehre handelt:

I. Von Gott, und zwar:
1. **Insgemein:** nach seinem a Wesen, Joh. 4, 24. b Eigenschaften, der Ewigkeit, Jes. 42, 6 und Unveränderlichkeit, Jac. 1, 17. der Allmacht, Luc. 1, 37. Allwissenheit, Ps. 139, 1-4. 11. 12. Allweisheit, Jes. 40, 13. 14. Allgegenwart, Ap. Gesch. 17, 21. 28. Wahrheit, Ps. 33, 4. Heiligkeit, Jes. 6, 3. 1 Joh. 1, 5. Gerechtigkeit, Röm. 2, 5. 12. Gütigkeit und Barmherzigkeit, 1 Joh. 4, 16 und c Personen. 1 Joh. 5, 7.
2. **Insonderheit** nach den dreien Personen: a dem Vater, welchem zukommt a die Schöpfung, Ps. 33, 6 dazu die Lehre gehöret von den Engeln, guten, Heb. 1, 14 und und bösen, 2 Pet. 2, 4. 1 Pet. 5, 1. b die Vorsehung, Versorgung und Regierung, Joh. 5, 17. Ps. 147, 7-10. c die ewige Gnaden-Wahl, Eph. 1, 3. 4. b Christo, noch dessen Person, Röm. 1, 1. 4. b Amt insgemein, Matth. 1, 21 und insonderheit dem Prophetischen, Ap. Gesch. 3, 22. 23. dem Hohenpriesterlichen, 1 Tim. 2. 5. und dem Königlichen, Ps. 2, 6-12. c beiden Ständen, der Erniedrigung, Phil. 2, 6-8 und Erhöhung, Phil. 2, 9-11. c dem heiligen Geist. Joh. 14, 16. 17.

II. Von dem Menschen, welcher zu betrachten nach dem Stande:
1. Der Unschuld, 1 Mos. 1, 16-28.
2. Des Sünden-Falls, Röm. 5, 12.
3. Der durch Christum wiedergebrachten Gnade, da zu betrachten:
a Die göttlichen Wohlthaten, als da sind, a der Gnaden=Beruf, 2 Tim. 1, 9. b die Gnaden=Erleuchtung, 2 Pet. 1, 19. c die Wiedergeburt, 1 Pet. 1, 3. 4. d die Rechtfertigung, Röm. 3, 23. 26. e die Vereinigung mit Gott und Christo, 1 Cor. 6, 16-18. Joh. 15, 1-6. f die Erneuerung oder Heiligung, 1 Thess. 5, 23. Eph. 4, 21. 24.
b Die göttlichen Gnadenmittel, a das Wort Gottes, welches in der heiligen Schrift enthalten. 2 Tim. 3, 15-17 und eingetheilt wird in Gesetz, Gal. 3, 19-22 und Evangelium, Röm. 1, 16. 17. wohin die Lehre von den Schlüsseln des Himmelreichs zu rechnen, Matth. 16, 19. C. 18. 15-23. b die Sacramente, der Taufe, Matth. 28, 18-20. und des Abendmahls. 1 Cor. 11, 23-29.
c Die göttliche Ordnung auf Seiten der Menschen, wozu gehöret a die Buße und Bekehrung, Ap. Gesch. 26, 17..18. b der Glaube, Joh. 1, 11-13. c die guten Werke, Eph. 2, 8-10. Matth. 5, 3-12. d das Kreuz, 1 Pet. 4, 12-19. e das Gebet, Matth. 7, 7-11.
d Die der Gnade theilhaftig, a als ingemein die christliche Kirche, 1 Pet. 2. 2. 2 Tim. 2, 19-31. b insonderheit das heilige Predigtamt. 1 Pet. 5, 1-5. Heb. 13, 17, die weltliche Obrigkeit, Röm. 13, 1-7. der Hausstand, Eph. 5, 22-23. Cap. 6, 1-9.
4. Der künftigen Herrlichkeit, wobei zu sehen auf
a Die vorhergehenden Dinge, als da sind, a der Tod, Pred. Sal. 12, 7. b die Auferstehung der Todten, Joh. 5, 28. 29 c das künftige Gericht, 2 Cor. 5, 9. 10 und das damit verknüpfte Ende dieser Welt. 2 Pet. 3, 10-14.
b Die Herrlichkeit selbst, oder das ewige Leben. Hiob 19, 25-27 Offenb. 7, 13. 17.
c Das Gegentheil: die ewige Verdammniß. Math. 25, 46. Offenb. 20, 15.